石倉洋子
Yoko Ishikura

グローバルキャリア

ユニークな自分の見つけ方

東洋経済新報社

はじめに

今あなたが大学生だったら、どうしてこんな景気の悪い就職氷河期に卒業し、就職するめぐりあわせになったのか、と嘆いているかもしれません。「『ゆとり教育』のためか、基礎学力が低く採用できない、グローバルな人材が必要だが、そういう人はなかなかいない」という企業の話を聞いて、「今さら、そういわれても」と思っているかもしれません。

あなたが20代や30代の初めで、仕事を始めて数年たっているとしたら、政権交代は起こっても総理大臣が毎年変わり、世界第2位の経済大国の座を失い、日本の存在感がなくなっているというニュースを聞いて、この国にいて自分は大丈夫なのか、と不安を感じているのではないでしょうか。「最近の若者はやさしいが、内向きで外に出ていく気概がない、指示待ちが多く、自分からイニシアチブをとろうとしない」といわれて、「これまでずっと周囲の期待にこたえよう、敷かれたレールの上を走ろうと努力してきたのに、それではあんまりだ」と悔しい思いをしているかもしれません。

私が今大学生か20代だったとしたら、こうした声に怒りを感じ、「今に見ていろ」と思っているでしょう。こんなことをいわれて黙って引き下がってよいのかと、何とか新しい道を探そうと考え始めていると思います。

私は、2006年に、当時、日本学術会議会長の任にあった黒川清さん（政策研究大学院大学教授）との共著、『世界級キャリアのつくり方』（東洋経済新報社）を書きました。その後、若い世代の人たちと接する機会が増える中、若い世代こそ、新しい将来を創造する原動力だ、という確信は一層強くなりました。また、景気が悪くても、グローバル化に遅れてガラパゴス化しているといわれている日本でも、若い世代の中には、世界の課題を解決しようという気概があり、実行している人がたくさんいることを知りました。

そして、セミナーなどに参加した若い人たちの悩みを聞くにつれ、大げさに考えず、身近なことから始める気になれば、若い時からできることはたくさんある、と考えるようになり、「やる気」に火をつけるきっかけを得て、一歩一歩努力していければ、若い人が新しい未来をつくることができる、そしてその力を誰もが持っていると確信するようになりました。

とはいっても、自分はどうしたらよいのか、日本にとどまっていてよいのか、と疑問を持ち始めている人もいるでしょう。政府は少子高齢化対策中心の政策、派遣社員の規制など、仕事の機会を制限する方向に向かっているように見えます。これからキャリアに踏みだそうという若い世代が、自分たちは置き去りにされていると感じるのももっともだと思います。

最近、楽天、ファーストリテイリング（ユニクロ）などが、社内の公用語を英語にして、「英語ができなければ役員にはなれない」と明言したり、商社が若い社員に海外経験を必須としたりしています。企業もやっとグローバル人材を育てようと本気で考え始めているようです。

皆さんは、こうした動きを見て、日本企業の人材に関する方針が大きく変わりつつあるのか、と不安と期待の両方の気持ちを持っているかもしれません。

若い人たちに、こうした不安や怒りのマイナスのエネルギーをプラスのエネルギーに転換し、今日から新しい一歩を踏みだしてほしい、という期待を込めて書いたのが本書です。

本書では、2009年に私が書いた企業（経営者、マネジャー層）向けの『戦略シフト』（東洋経済新報社）の考え方を、個人にあてはめて、21世紀には、どのようにキャリアを考えたらよいかを説明しようとしています。『戦略シフト』では、戦略のキーワードとして「オープン化」、「ORをANDにする」、「ユニークさ」の3つを挙げ、それらのキーワードに沿って、企業戦略、事業戦略を立てて実行するという考え方を提案しています。

21世紀はそれまでとはまったく違う時代です。情報通信技術（ICT）の進歩を原動力として、あっという間に世界に情報が伝わり、何十年も続いた政権が数週間で崩壊することもあります。世界は「変化が日常」でダイナミックに変わり続け、もはや「将来が予想できる、敷かれたレールの上を一直線に、正しい答えを求めて進む」という時代に戻ることはありません。アップルのiPadは世界の消費者に受け入れられ、機能も多様で、デバイスなのか、本なのか、音楽用の端末なのか、テレビなのか、規定ができません。そのアプリケーションを開発する周辺の企業がネットワークを形成していて、国境、業界、企業などの境界が消滅しつつあります。今までは厳然とあった壁を超える「オープン化」は今後さらに進むことが予想されます。

また、グローバルとローカル、競争と協働、営利と非営利など、あれかこれか（OR）を選ばねばならなかった時代は過ぎ去りつつあります。たとえば、ハーバードの学生を対象としていたローカルな仕組みともいえるフェイスブック（Facebook）が世界を結び、グローバルとローカルの壁はあっという間に取り払われています。また企業は営利を求めるもので、教育は非営利の教育機関や政府に任せておくべきだという考え方は、マイクロソフトのビル・ゲイツ夫妻が始めたビル&メリンダ・ゲイツ財団が、教育やグローバル・ヘルスなどの課題をビジネスの手法（ANDという考え方）で解決しようとしていることを見ると、もはや通用しないことは明らかです。

数カ月先も見えず、境界が意味を持たなくなり、今までのように二者択一を強制されなくなってきた世界では、企業には、その企業にしかない強みをいかした「ユニーク」な戦略が不可欠になります。ユニークな戦略とは自社の強みを業界や地域を超えた広い視点から見直して、ORをANDにするような新しい組み合わせとなる自社のユニークさを見出すことから始まります。どこかの企業が新しいことをして成果を上げると皆がそれに追随するという横並びで、皆が「ベスト」な戦略を求めるのではありません。業界のどこの会社にも通用するような「総合的」、何でもやるという「総花的」ではなく、突出した強み、これだけは世界のどこにも負けないというその企業独自の武器が原点となって、新しい価値を創り、それを獲得するのです。たとえば日本のアパレル流通業界で、ともに収益性に優れたファーストリテイリング（ユニクロ）とポイントとではまったく異なった戦略をとっていることがこの事実を実証しています。

本書では、世界が大きく変わりつつある中、個人がキャリアや仕事を考える上でも、「オープン化」、「ORをANDにする」、「ユニークさ」がキーワードとなることを説明します。

個人にとって「オープン化」とは自分を狭い箱に閉じ込めてしまわない、たとえば学生時代の専攻分野によって地域や進む業界を決めてしまうという規定路線を離れて、新しい分野や地域を開拓することを指しています。外に目を開く、自ら新しい地域や分野にいってたしかめてみる、試行錯誤してみることを意味します。

個人のユニークさとは何でしょうか。そして、そのきっかけとなる「ORをANDにする」

新しい切り口とはどういう意味でしょうか。どうしたら新しい見方をして、ユニークな自分を見出し、それを磨くことができるでしょうか。

個人のユニークさを考える鍵は「組み合わせ」です。客観的な特色（年齢、経歴、資格など）と主観的な特色（くじけない、いつも元気など）の組み合わせを考えて、自分らしい特色を見出し、磨きます。自分らしい組み合わせを見つけるためには、自分の特色を新しい世界や分野から見直す、今までは考えられなかった分野を融合するなどのやり方があります。いずれもこれまでの枠組みで考えたものではないので、その人にしか見出せないユニークな組み合わせであることが多いです。そしてこうした組み合わせを見出せれば、それを武器にして、自分らしい、自分に向いた仕事やキャリアの場を求めていくことができます。

個人もオープン化が必要、ORをANDしてユニークさを見出す、それを武器にしてキャリアを求めるというと、これまでの雇用形態や就職活動と合わないと思われるかもしれません。しかし、世界は大きく変わり、新しい雇用形態やキャリアのかたちが生まれる時代はすぐ近くにまで来ています。新卒一斉採用、正社員だけが企業のメンバー、日本で仕事をする、という日本ではまだ根強い雇用の考え方では、企業は競争に勝ち続けることはできません。今や、国境や業界を超えたグローバルな競争が進み、複数の分野での技術や能力が必要となっています。スマートフォンやタブレット端末にみられる業界の複雑な連携・融合状況を見れば、自社の社員や技術だけに頼っていられないことは明らかです。つまり、自社だけでなく、周囲の優れた人材や組織をいかに早く見出し、協働するか、が企業にとって大きな課題となっているのです。

世界では失業率が高止まりしており、日本でも採用が絞り込まれて、就職氷河期再来といわれています。なぜこんな景気が悪い時に就職活動をしなくてはならないのか、と不幸なめぐり合わせを嘆いている人もいるでしょう。既存の枠組みの中でできることはない、と無力感に襲われて、何もしないで過ごそうとあきらめてしまっているかもしれません。

しかし、まだ人生始まったばかりなのに、ここであきらめてしまっては、これからの人生がつまらないものになってしまうのではないでしょうか。今のルールの中で、少しでもよさそうな道と思われるブランド企業の正社員や一見安定していると思われる官の仕事を探すのも、皆さんの選ぶ道のひとつです。しかし、今までのやり方の中での近道を求めるのでは、成熟市場でじり貧になる可能性が高い日本という国に縛られてしまうと思います。

個人もオープン化し、ユニークな特色で勝負することにはリスクがあるかもしれないし、「変化が日常」の世界でどこまでいっても安心はできないかもしれません。しかし、大きな可能性が開かれている世界を活用しようと考える方が、明日から「やる気」が出るし、苦労があっても何とかしようという気になるのではないでしょうか。

そつがなく平均的な力を持つことがベストという時代ではなく、ユニークさが評価される時代が開かれつつあります。新しい時代という機会を先取りしていかすのも、既存のやり方にしがみつくのも皆さんの自由です。しかし、本書では新しい時代を先取りすることの可能性を紹介したいのです。もはや若い世代は、「ゆとり教育」を推進した政府や教育機関、「グローバル人材を開発する」といっているだけで実行してこなかった企業のやり方やシステムに翻弄される必要はありません。若い世代には、今までにないほど多様なオプションが開かれています。

今もし私が若い世代だったら、今感じている怒りや不安を逆用して、今までの延長線ではなく、新しいやり方を試す、新しい世界を求め、新しい枠組みに賭けると思います。

本書を読んでいただきたいのは、今まさに仕事やキャリアを考えようとしている学生の皆さん、仕事を始めたがまだ日の浅い20代、30代のビジネスパーソンです。

本書では以下の順序で話を進めます。

PART1では、今の時代、そしてこれからの世界が、あなたのキャリア戦略にとってどんな意味を持つか、なぜ個人も「オープン化」、「ORをANDにする」、「ユニークさ」という考え方が必要なのか、の背景を説明します。

PART2では、個人の「ユニークさ」をどう考えたらよいのか、それにはなぜ「ORをANDにする」という考え方が大事なのか、そして、キャリアの「場」をみつけるために、なぜ

「オープン化」が必要なのか、を詳しく紹介します。

PART3では、新しい世界を拓くための実際のプロセスと実践トレーニングの方法を具体例で紹介します。キャリアを考える主役は皆さん自身であること、キャリアの方向の見直しや途中での方向転換や挫折は当たり前というメッセージをお伝えしたいと思います。

PART4では、若い世代の7人を紹介し、その人たちがどんなかたちで「オープン化」をし、「ORをANDにする」切り口で自分の「ユニークさ」を見出しているか、を説明します。

PART5では、私自身が実際にやってきたことを振り返ります。そして、仮に2011年の現時点で私が学生、20代、30代であるとして、これまでいろいろな経験をしてきた私が若い自分自身にアドバイスをするとしたら何をいうか、を紹介します。


本書が、日本の若い世代の人たちが自分を「オープン化」して広い世界に目を向けて、「ORをANDにする」切り口で自分の「ユニークさ」を見出し、グローバル人材としてのキャリアを考える参考になれば、著者としてうれしく思います。

2011年3月

石倉　洋子

グローバルキャリア　目次

PART 2

「ユニークさ」を見出す「オープン化」と「ORをANDにする」心構え 039

PART 3 グローバルキャリアへの実践トレーニング

PART 4

7人の事例に学ぶキャリア戦略シフトの実践法

PART 5 私自身の「キャリア戦略シフト」「オープン化」「ユニークさ」を求めてきた旅

カバー・本文デザイン　竹内雄二
写真撮影　御厨慎一郎
写真提供　アカデミーヒルズ

PART 1

新しい仕事や雇用の時代が始まる

仕事・雇用・キャリアをめぐる2011年の状況は、若い世代にとってはとても暗いように見えるでしょう。新卒採用は氷河期再来、派遣社員は規制が強まり、景気の先行き不安、円高や税制の問題もあって、企業は海外へ脱出し始めています。さらに、最近の若者には基礎学力や自らイニシアチブをとる意欲が足りないという理由で採用を控える傾向も見え、卒業を控えた大学生や職を求める若い世代はどちらを向いても四面楚歌のようです。

しかし、こうした報道や風潮に対して、悲観的になる必要があるのでしょうか。2011年という年は、新しい仕事や雇用の時代が始まるきっかけになる年であり、これから始まる新しい時代に備えて、若い世代が新しい活動を始める最適な機会だと私は確信しています。どうして私がそう考えるのか、その背景を説明しましょう。

21世紀の変化がもたらす多くのメリット

「変化が日常」でオープン化する世界

21世紀の特色は、情報通信技術（ICT）の進歩による変化のスピードと世界各地への波及の度合いが桁違いに早いことです。皆さんも就職活動をしたり、仕事をする上で、スマートフォン、タブレット端末、パソコンが必需品となり、こうした製品なしでは一日も暮らしていけないと実感しているでしょう。すぐアクセスしないと就職説明会への参加登録もできないことや、「こんな商品が？」と思っていたものがあっという間に大ヒットになることを肌で感じているのは、今50代以上の人ではなく、皆さんだと思います。

また、ICTによって、国境、業界、組織の壁はどんどんなくなりつつあり、世界のオープン化が進行しつつあります。音楽や書籍をダウンロードすることが当たり前で、世界のどこからでも商品を買う習慣を持つ皆さんには、国境の意味が薄れてきていることはすぐに想像がつくでしょう。

また、たとえば編集の仕事がしたい、音楽関係の仕事につきたいという希望を持つ皆さんは、どの業界どこの企業を目指すのでしょうか。この質問に答えることが、数年前と比べて簡単ではないことはすぐわかるでしょう。編集の仕事がしたいから出版社や新聞社というわけではなく電子業界にも可能性があるでしょうし、音楽関係の仕事は、iPad等々、今脚光を浴びているタブレット端末のソフト会社という可能性もあるでしょう。電子書籍のキンドル（Kindle）やiPadは、テレビ、CDやDVD、地図やカーナビ、新聞・雑誌に代わるもの、つまりある特定の業界ではなく、放送、オーディオ・ビジュアル、メディア業界のどこにでも所属するものと考えられるからです。

オープン化によって、国境、業界、組織の壁がなくなってきているために、今までとは違った競争も生まれてきています。組織に属しているから安心、業界がはっきりしているから安定している、国に守られているから平和でいられる、という時代ではありません。またこうした秩序がある世界へやがて戻るかというと、「安定」という言葉は過去の遺物であり、二度と「古き良き時代」に戻ることはありません。一度境界があいまいになると、一時的な揺り戻しはあっても、その流れはもとには戻りません。境界のない世界、スピード感覚が20世紀とはまったく違う世界、先の見えない世界が当たり前になってきているのです。

こう考えると、皆さんは世界のオープン化によって、競争が厳しくなり、混乱が起こるから大変だ。何とかして、今手に入れられる仕事をつかもう、今勤めている会社にしがみつこうと考えるかもしれません。しかし、変化を日常のものにして、境界を消滅させつつあるICTは、同時に若い人に多くのメリットももたらしています。それはICTが「個」を際立たせる可能性を拓き、個人をさまざまな制限から解放するものだからです。

組織から個人への力のシフト

ICTは、世界にも、組織にも力のシフトをもたらし、「個」を際立たせ、今までにないほどの大きな新しい機会を提供しています。境界が消滅しオープン化してきたために、従来は力や権威があると思われていた組織や人から実際に力を持つものへ力のシフトが起こりつつあります。

力のシフトは、医師から患者へ、教師から学生へ、供給側から消費者側へなど、いろいろな分野で起こってきています。以前は情報を独占していた医師や教師は、インターネットによって情報が誰にでもアクセスできるようになってくると、力を失います。新しい情報を世界から見つけてきてそれを解釈できる患者や学生の方が、以前は権威があったと思われていた医師や教師より、力を持ってきています。

従来は商品やサービスを開発し、それを消費者に提供するという一方通行だったビジネスにおいても、消費者の声が強くなってきています。ツイッター（Twitter）、フェイスブック（Facebook）など簡単に誰でも発信できるソーシャル・メディアが普及して、消費者の口コミは想像を超える速さで世界の隅々にまで広がります。中には、消費者の声や希望、クレームを積極的に活用しようと消費者にも商品開発プロセスに参加してもらう企業も出てきています。

就職活動をしている学生や若い世代の皆さんの中には、企業のセミナーや就職試験の情報をソーシャル・メディアで手に入れたり、自分自身の経験を広く発信している人もいるでしょう。そうした経験から、情報の発信や取得、共有については、大学や会社の壁がなくなりつつあることは実感としてわかると思います。つまり組織よりも個人が見えるように、個人の力が決め手になってきているのです。組織から個への力のシフトは「個」を際立たせ、今まではなかった変化をもたらしているのです。

物理的な場所、時間からの解放

今まではいろいろな点で個人の活動を制限してきた「物理的な場」や距離、時間は、個人にとって、大きな制約要因ではなくなりつつあります。

たとえば国境について考えてみましょう。

世界がオープン化され、力のシフトが起こってくると、個人が働く場も祖国だけに限る必要はなくなります。高齢化が進み、モノ余りで、所得も頭打ちであまり成長が期待できない日本にこだわるのではなく、経済の急成長が期待され、人口の増加率も非常に高いインドや中国など新興市場に目を向けることができるのです。新興市場では生活必需品や消費財、そして耐久消費財の需要が今後爆発的に伸びると思われます。新興市場で働く方が、仕事の機会が大きいだけでなく、自分ができる仕事の範囲がずっと大きく、若い時から大きな責任を任せてもらえる可能性があります。

業界のオープン化についても同様です。業界が融合しつつあるので、あるひとつの業界で仕事を始めたからといって、ずっとその業界にとどまらなくてはならないわけではありません。検索エンジンの技術が進歩する中、ひとつの分野の知識や情報の価値は次第に減少しつつあります。一方、違う分野の知識や情報を転用、応用する能力は以前より価値が増しています。

ひとつの業界で仕事を終えるのではなく、期間を限ってある業界で働き、そこで学べることをすべて学んでしまって、別の業界に行き、また新しい経験を積み、新しい知識や能力を手に入れることができます。新しい業界では前にいた業界を新たな目で見直すこともできるし、前の業界では当たり前といわれていたことが新しく入った業界では斬新なアプローチとして評価されることもあります。業界を知らなくても新しいアイディアの応用が利く人の方が重宝される可能性も高くなります。新しいことを学び、今までの経験を他の分野で活用するという一石二鳥が可能になるのです。つまり業界を超えて活躍する可能性が開かれてきているのです。

企業についても同様です。ひとつの企業にずっと勤めることを前提とせず、その企業で学べるだけ学ぶ、そして短期間に貢献するという姿勢でいれば、自分自身の知識や能力も開発され、次々に新しい能力や技術、考え方を得ることができます。将来を予想できる正社員より、ひとつの組織に縛られる立場から解放される、自由を得ることができるわけです。

また、従来は家族、親戚、学校、地域など実際に知り合う人との関係が力を持っていました。しかし、離れたところにいる人と接触するのは難しく、私たちの活動の範囲も狭いものでした。しかし、

ＩＣＴの進歩によって、世界が狭くなったことは皆さんも実感しているでしょう。日本にいてもインターネットへのアクセスさえできれば、世界の辺境の人に連絡したり、一緒に活動することもできます。

仕事やキャリアを考える上で、時間・距離からの解放は大きな意味を持っています。工場や外食サービスなど「そこに」いないとできない仕事もありますが、ホワイトカラーの多くの仕事は、オフィスでなければできない性格のものではありません。混雑した通勤電車に乗って朝から晩まで毎日をオフィスで過ごす必要はなくなりつつあるのです。これまでは実際に相手と顔を合わせないと始まらないと考えられていた営業活動も、メールやビデオ会議など新しい手段を用いれば、必ずしも直接顔を合わせなくてもできるようになってきました。会議もメール、電話、ビデオ、バーチャルなど多様な可能性が出てきており、一堂に会さないと始まらないという「常識」は消えつつあります。

仕事の時間も同様です。今までは皆が同時に仕事をすることが前提となっていた職種も多かったので、小さな子供がいる人や介護をしなくてはならない人、体が弱く、フルタイムでは働けない人にはなかなか困難でした。しかし、同じ場所で仕事をしなくてもよくなり、一人で静かにやった方が生産性の高い仕事は自宅などで一人でする方がよい、とも考えられるようになってきました。一人で考える仕事とグループで一緒にする活動を切り分け、グループでする方が生産性は高い、新しいアイディアがでるという活動以外は、さまざまな事情を抱えた人たちでも、自分の都合のよい時間と場所を選んでできるようになってきているのです。

こうして、境界、物理的な場、距離、時間から個人が解放されるわけです。

あれかこれかのトレードオフからの解放

21世紀は今まで、あれかこれかどちらかを選ばなくてはならない（OR）といわれていたトレードオフがしだいになくなりつつある時代です。以前は、企業は営利、NPOは非営利で、営利と非営利は両立しない、だからキャリアでも企業を選ぶか、非営利組織を選ぶかどちらかしかできない、と考えられてきました。非営利組織を目指す人は、企業人とはかなり価値感が違う、だからあまり話もできない、と考えていた人もかなりいました。しかし、ソーシャル・メディアや最近世界で大きな力を持ち始めている社会起業家は、こうしたイメージを打ち壊しています。

国内と海外も同様です。企業は国内か海外かという二者択一ではなく、世界を見渡して活動が最もしやすい場所を自由に選びます。30年ほど前から企業のグローバル化は何度か叫ばれており、実際に売上や利益の大部分を海外で稼ぐ企業はかなりあります。つまり国内でも海外でも（ANDで）事業を運営しているのです。それなのに、「円高で国内が空洞化するから問題だ」

と、国内か海外か（ＯＲ）と二者択一でしか解決案をとらえられないという考え方は根強くあります。しかし、実際は、国内も海外も皆さんの働く場が広がっているのです。

「ＯＲをＡＮＤにする」新しい組み合わせへの自由

２０１０年の「話題の人」となったマーク・ザッカーバーグが始めたフェイスブックは、もとはハーバードの学生の個人的なソーシャル・ネットワークでしたが、今や世界で5億人の会員を持ち、新しい事業機会の有効な手段になりつつあります。フェイスブックは、日本で今でもよくある「国内か海外かどちらか」、「営利か非営利かどちらか」を選ばねばならないという考え方に真っ向から対立して、ローカルとグローバルを、そして非営利と営利を結び付けている良い例です。

ビジネスの考え方をグローバル・ヘルスに結び付けている日本発のＮＰＯにはテーブル・フォー・ツー（Table for Two＝ＴＦＴ）があります。欧米や日本などの高度経済の国の肥満やメタボリック症候群と開発途上国の飢餓や食糧不足を、ビジネスの手法を駆使して一度に解決しようとする試みです。まだ小規模ですが、２０１１年から世界にこの活動を大々的に展開する計画を持っています。

個人のキャリアでは、ワーク・ライフ・バランスの重視もそのひとつでしょう。仕事一辺倒か家庭か、どちらかを選ばなくてはならないという選択ではなく、仕事も家庭も、プロフェッショナルな生活もプライベートな生活も両方充実したいという希望がしだいに強くなってきているのです。特に女性にとっては、出産・育児という大きな役割や責任があるので、仕事か家庭かどちらかを取らねばならないという選択を迫られることがよくありました。

女性に限らず、日本では男女いずれも、責任ある仕事は（大げさにいえば）それに人生すべてをつぎ込まねばならないと考える傾向が強かったと思います。つまり仕事か、それ以外かどちらかを選ばなければならないとするＯＲの考え方です。しかし最近では、あれもこれもと両方を充実させようとする動きがしだいに出てきています。

新しい切り口で見れば、ＯＲでしか考えられなかった項目をＡＮＤで結ぶ新しい世界を拓くことができるようになってきているのです。自ら起業しなくても、社会的活動を熱心に行っている企業に勤めるというオプションもあります。ＩＢＭはスマートグリッドに深く関与して、自社の得意技によってエネルギー問題を解決しよう、そして長期的にはビジネスとして高い収益性を目指そうとしています。インドの代表的なＩＴ企業であるインフォシス・テクノロジーズが新興経済の国でＩＴを駆使した教育を行い、長期的には市場を拡大しようとしています。いずれもそれまでは不可能と考えられていた新しい組み合わせを目指すものです。

貧困な国のインフラ整備や教育に関心を持つ人は、必ずしも国連やユニセフ（UNICEF）など国際的な非営利組織でなくても、こうした企業に勤めて自分の目標を目指すこともできるのです。

皆が勝てるプラスサムの競争では個人の「ユニークさ」が鍵となる

直感や主観的な判断が不可欠

オープン化が進み、個が解放されて、トレードオフが減少し、いろいろな組み合わせが世界で競い合っています。誰かが勝てば誰かは負けるというゼロサムではなく、それぞれがある分野で勝つことができるというウィン・ウィンの関係、プラスサムの競争が進んでいるのです。

この世界で優れた業績を続けるために企業にユニークな戦略が必要なことは「はじめに」で説明したとおりです。企業がユニークな戦略を必要とする中で、個人にもユニークさが求められています。それはユニークな組み合わせ、ORをANDにすることを考えるためには、常識的ではなく違った考え方をする人、武器となる知識や力を持ちながら俯瞰的な見方をできる人が必要だからです。

組み合わせのメリットを考える前に、ひとつの分野だけを考える、ある分野に特化するアプローチを考えてみましょう。ひとつの分野であれば、世界から時代を超えて情報を検索できるモデルが進化しつつあります。高校生でも、ある項目について、世界でどんなことが考えられているのか、誰が何をいっているのか、を容易に検索できるようになってきました。しかし、この分野の考え方を別の分野に応用するとどうなるのだろうか、と考えたり、新しいアイディアが生まれそうな分野を融合するためには、ある種の研ぎ澄まされた勘やユニークな見方など、主観的な判断や知恵をいかさねばなりません。

こうした活動は今ある情報を検索するだけでは生まれません。俯瞰的、横断的な見方が必要です。どんなに技術が進んで数々の検索エンジンが登場したとしても、複数の分野を掛け合わせる、転用の可能性を考える行動には、直感や主観的な人間の判断が不可欠とされています。

個人のユニークさが鍵となると、キャリアや仕事についても新しい組み合わせ、「ORをANDにする」という考え方が大事になってきます。次の章で「ORをANDにする」組み合わせで自分のプロフィールを考える、「ユニークさ」を見出すことを詳しく説明します。ここでは、なぜ「組み合わせ」が大事なのか、その理由を簡単に説明します。

組み合わせの可能性は無限大

ユニークな戦略が唯一でなく、無数、無限にあるのと同じように、個人のユニークな組み合わせを考える可能性も無限にあります。ここで個人のユニークな組み合わせといっているのは、年齢、国籍、性別、経歴など客観的な特性とその人と一緒に活動をしないとわかりにくい主観的な特性の組み合わせです（詳細はＰＡＲＴ2で説明します）。

新しい商品や新しいサービスのアイディアを考えたことがある人ならすぐわかると思いますが、新しいアイディアをただ思いつくままにリストアップしようとすると、すぐ限界が来てしまいます。自分のユニークさも同じで、新機軸を出そうとしても、それが独立したアイディアである限りは、どれだけ発想が豊かな人でもリストは遅かれ早かれ終わりに来てしまいます。しかし、いくつかのグループを組み合わせるとなると、新しいアイディアは幾何級数的に増えていくので、組み合わせの数があっという間にかなりの数になります。

また、自分の得意技がどんな分野で評価されそうか、という判断をするためにも、多くの試行錯誤が必要です。いくつもあたってみて、可能性のありそうなもの、しっくりいきそうなものを探ってみなくてはなりません。新しい組み合わせですから、実際に試してみないとどうなるかわからないし、試してみると思いもかけない新しい道が開かれることもあります。

組み合わせはあなただけのユニークなもの

組み合わせは、外面的と内面的であっても、身近な強みを世界で見直すものであっても、分野の融合であっても、「あなただけ」の特色を原点にしています。そのため、世界がオープン化しても、同じ組み合わせを持つ人はほとんどいません。たとえば外面的な特色だけを考えると、同じ国籍、学歴、資格などを共有する人は多数いますが、内面的な特色を加えると、その組み合わせの人は、ほかにはいない可能性が大きいです。

今までの雇用・キャリアの考え方との違い

ここで、これまで日本企業で見られてきた雇用やキャリアの考え方と、ここまで紹介してきた、自分らしいキャリアやライフスタイルの基礎となるユニークな組み合わせとは何か、どう探すか、ユニークな組み合わせの要件を比較してみましょう。

これまで多くの日本企業に見られた若手人材への要件は、次のようなものでした。

――企業に入る前に、あまり色が付いていない方がよい。

個性や持っている知識・技術が特殊で、自己を確立してしまっている人よりも、強い個性、クセがなく、入社してから、その企業向けに教育訓練できる、その企業にふさわしいユニークさを開発できる人がよい。

――ポテンシャルが高く、平均的な「できる人」がよい。

ある点では突出しているが、ほかの点で劣っている人、ユニークな力や特色を持っているけれどもバランスが悪い人よりも、平均的な優等生がよい。中庸がよく、同時にポテンシャルの高さが感じられる人材がよい。

――入社直後から一家言を持つような「生意気」で、明確な希望を持つ人ではなく、まず下積みをする準備がある人がよい。

新入社員は同期生と横一線、同じように下積みの仕事をすべきである。若く、組織に入って間がないのに、他と違う意見を出したり、新しい提案をしたりするのは、「生意気」である。

このように比較してみると、個人にはユニークさが必要である、そのために、外面的な特色と内面的な特色を組み合わせる（ORをANDにする）、分野の俯瞰や横断が必要、ユニークさも年齢に関係なく常に更新する必要がある、など本書で提案する考え方は、これまでの日本企業が考える人材や雇用、キャリアの考え方とはかなり違うことに気がつくでしょう。

企業の制度としても、「正社員として人材を囲い込む」、「転職は基本的にしない」ことを前提とする「クローズド」な考え方と本書で提案する「自分を狭い世界に閉じ込めない」、「常に新しい分野を目指す」という「オープン化」とは相容れません。意思決定の力を持つのは特定のトップという固定的な方式ではなく、誰もがそれぞれの分野で力を発揮するウィン・ウィンの関係やプラスサムの競争として「オープン化」をとらえている企業も少ないと思います。

新しい雇用モデルを先取りできる

現在の日本企業の人事採用政策や雇用モデルは世界の動きと比べてどんな状況にあるのでしょうか。ごく最近、就職活動に対して新しい動きが少しは見えますが、日本企業の採用人事政策、雇用モデルは、相変わらず、新卒を一斉に採用、正社員として会社主導で教育、訓練を行い、内部で競争させ、長年かけてトップ人材を見極めるというやり方が主流です。しかし、こうした雇用政策は、遅かれ早かれ、多くの業界で時代遅れになります。それはこうした雇用政策の前提となっている、長期的な雇用という暗黙の了解、社員を囲い込むことによって自社の強みを守ろうとするやり方が限界にきているからです。

21世紀の変化に対して、企業が長期的な雇用を前提としたり、自前の社員ですべての事業活動をしようとしてもほぼ不可能です。それはこうした仕組みでは人材が固定化してしまい、スピード感に欠けるからです。長期雇用、自前という姿勢では、事業環境が変わり、新しい能力や技術が企業に必要になった時にすぐ手に入れたり、新商品をスピーディに世界に展開することができません。新しいスキルを社員の中から開発しているのでは、グローバル競争のスピードに遅れてしまうばかりか、社会に普及させるための能力や仕組みがないため、自社の持つ技術などの資産も宝の持ち腐れになってしまいます。

知識経済の世の中では、工場や設備などの目に見える資産ではなく、知識や知恵を持つ人材という目に見えない資産が競争力の基盤となるとはよくいわれていることです。世界がオープン化し、競争が国、地域、業界、企業を超えて熾烈になる中、企業はユニークな力を持たねば、生き残っていくことはできません。貴重な資産である人材を固定化してしまわず、常に外の人材を受け入れ、活躍してもらえる体制にしておかないと、企業は新しい競争には勝つことができなくなってしまうのです。

少子高齢化が進む中、世界の多くの国と同様に、日本だけで考えると、10年後、20年後に高スキルのプロフェッショナル人材が不足する雇用危機に陥るという調査結果が最近出ています。

企業は、近い将来に必要な新しい知識、技術、能力、そして経験を持つ人材を広く世界から探してくる能力を持たなければならないのです。つまり人材面でも企業のオープン化が必要であり、新卒一斉採用、社内で教育訓練、社員は長期雇用というやり方が、こうした時代に合わなくなりつつあることは明らかです。

また企業にとってユニークな戦略が不可欠となり、常にイノベーションが必要となると、その戦略を立て、実行するためには、ユニークな強みや特色を持つ人材が必要になります。そつがなくてほどほどに優秀という、特色のない人材ではなく、突出した力、知識を持つ人を探さなくてはなりません。すなわち、個人にもユニークさが必要になるのです。

トップマネジメントの人材についても、今までのソフトなやり方で人を引っ張っていくリーダー像が変わりつつあります。厳しいグローバル競争を繰り返す世界での実践経験を数多く持ち、自ら多くの重要な意思決定をしたことのある「グローバル人材」で、実際に世界を飛び回ることができる人でないと、これからの企業のトップとしてやっていけないでしょう。国境や業界の境界がなくなりつつある中で、日本市場しか知らない、経験がない、ある業界のことには詳しいがそれ以外の業界には人脈もない、知識もないというのでは、21世紀の企業のトップとしての資格がないのです。

「外の世界」についてもよく知っている、見識がある人でないと、厳しい競争にもまれていて、教養もあり、年代も若い世界のトップに太刀打ちできないのです。

新しい人材ニーズがどんどん生まれる中、昔ながらに、新卒として採用され、企業で教育訓練を受け、そのまま定年まで勤める道を選んでも、企業自体がグローバル競争に耐えられなくなり、存続できなくなっては、正社員として雇われる意味がありません。就職氷河期といわれる中で、何とか確立された企業の正社員になろうと就職活動に励む学生の姿が目につきますが、新しい波がもうすぐそこに来ている中で、ただむやみに「確立された」企業の正社員を目指してもどれだけメリットがあるかには、疑問が生じてきています。正社員になって囲い込まれる、外の世界に目を向けなくなることにはリスクがあるのです。

オープン化、個人への力のシフト、「ユニークさ」の必要性が増す傾向が逆行することは考えられませんし、さらにスピードが速まる可能性は高いです。それならば、もうすぐ来る新しい雇用のやり方を先取りして、今から準備をし、最大限活用するのがキャリア戦略の重要な一手ではないでしょうか。キャリア戦略シフトの具体的なやり方をＰＡＲＴ２以下で紹介します。

PART 2

「ユニークさ」を見出す「オープン化」と「ORをANDにする」心構え

オープン化が進み、トレードオフがなくなり、多様な競争へと変化している世界では、企業の戦略もその企業しかできない「ユニークさ」が鍵となるとPART1では説明してきました。最近成功している企業――アップル、ファーストリテイリング（ユニクロ）などは、いずれもその企業の強みをいかしたユニークな戦略で勝負しています。同業他社と同じ土俵で、同じような戦い方をして「ベスト」を目指したり、総花的、平均的な戦い方ではなく、自社の強みをいかして消費者をあっといわせるような商品やサービスを提供している戦略であることは皆さんも想像がつくでしょう。

ベストではなく「ユニークさ」が鍵となる

ビジネスパーソン一人ひとりのキャリア戦略においても企業と同様で、同じようなやり方でベストを狙うよりも、その人しかできない「ユニークさ」を求める方が有効です。この考え方は、就職活動でリクルートスーツといわれる同じような服装をして、企業側が求めそうな内容のエントリーシートを書き、面接のための マニュアルを読んで、想定される質問への答えを準備するというやり方とはまったく違うアプローチです。「出る杭は打たれる」という言葉があるように、日本では突出したり、他人と違うことをすると批判の対象になりがちです。「KY（空気を読まない）」は顰蹙を買い、目立たないようにすることがいいと若い人の多くが考えているようです。

でも、ユニークさといっても抽象的すぎてわからない、自分のユニークさを見出すためにはどうしたらいいのかという疑問が生じるかもしれません。そこで、PART2ではビジネスパーソン個人にとってのユニークさとは何か、それをどのように見出し、組み合わせていくのかについて事例を紹介しながら、詳しく説明します。

ユニークさを考える上で基本になるのは、新しい観点から自分のプロフィールを考えること、そのためには自分を「オープン化」して外の世界を知ること、そして「ORをANDにする」というアプローチを試してみることです。

ユニークな自分のプロフィールを探す

外面的、内面的な特色の組み合わせ

皆さんは自分自身のプロフィールをどのように周囲に説明するでしょうか。おそらく、性別、

年齢、出身地、学歴、職歴、特技、関心事などを挙げると思います。仕事をしている人は、まず自分の勤める会社の名前から始めるかもしれません。自分自身をどう見るか、という自己プロフィールは、キャリア戦略を考えるにあたって、とても大事です。皆さんの多くは、就職活動をする際に、自己分析をするようにといわれたことがあるでしょう。自己分析は、今までどんなことをしてきたのか、何が好きか、何をしたいか、何に向いていそうか、などを振り返って、どんな仕事をしたいか、を考えようというものです。自分のプロフィールを自ら書いてみるということでもあります。

それでは自分のプロフィールを考える際に、ユニークさをどうとらえたらよいでしょうか。ユニークなプロフィールを見出す鍵となるのは、客観的（外面的）と主観的（内面的）な特色の組み合わせです。ハードとソフトの組み合わせといってもよいかもしれません。客観的（外面的）な特色とは、国籍、年齢、学歴、性別、資格、仕事の経歴・経験など一般に認められており、何らかの基準によって誰でも判断しやすいあなたの側面を指しています。主観的（内面的）な特色とは、個人のパーソナリティ、姿勢、相性など、実際にその人と直接接触し、身近で一緒に活動しなければ知ることが難しい特色を示しています。そして、外面的か内面的かのどちらか（OR）ではなく、この2つの組み合わせ（AND）があなた自身のプロフィールとなるのです。「両方の組み合わせ」というところが鍵となるのです。

これまでに「自分にはユニークさやセールス・ポイントがない」という人に遭遇したことはかなりあります。こういう人の多くは、セールス・ポイントを外面的・客観的な特色だけでとらえているようです。学歴、年齢、仕事の経歴、資格など、多くの人がその内容を知るものだけを判断の基準としてしまっています。しかし、大学が同じ、入った会社が同じ、など客観的な特色としては同じような項目で説明できる人たちでも、つきあったり、実際一緒に仕事をしたりすると、人それぞれでかなりの違いを発見することがよくあります。それは外面的な特色だけ見たのでは、内面的・主観的なソフトな側面がわからなかったからです。

外面的な特色だけでは、星占いや誕生年による「くくり」と同様に、同じ特色を持つ人が多数いて、個人を説明することはできません。皆さんも自分の星占いをみて、「自分にぴったり」と思ったり、「これから良い方向に向かう」と喜んだりした経験はあるでしょう。しかし、同じ星の人や生まれ年の人、そして「私にぴったり」と感じる人が何千万人もいるかもしれないと考えてみると、そのまま信じる気にはなれないのではないでしょうか（占いは自分にとって良い部分だけ信じるのがよさそうです）。

たとえば同じように新卒で商社に勤めている若い人でも、個人の性格や人となり、協調性、仕事や人生に対する姿勢や気概がそれぞれ違っていて、それらの組み合わせでプロフィールを示そうとした途端に、まったく違うグループに入ることになります。

外面的には似ていても内面的に違う例は多い

私の周囲にいる人の事例で考えてみましょう。

現在シリコンバレーで自分のコンサルティング会社を経営している渡辺千賀さんは、東京大学で都市工学を専攻しました。新卒で三菱商事に入社して、情報部門に携わってICTの知識や技術を得て、デジタルガレージや経営コンサルティングのマッキンゼーで数年経験を積んだ後、スタンフォード・ビジネス・スクールでMBAをとっています。

こうした渡辺さんの外面的な側面だけを見ると、似た経歴の人もいると思われますが、渡辺さんは子どものころから「かなり変わった子ども」と周囲に思われていて、「わが道を行く」という自律の精神を持っていたそうです。そして、ベンチャー・スピリットが旺盛なこと、一般的な評価をまったく気にしないで思ったことを発言するなど渡辺さんの内面的な特色を組み合わせると、今、彼女がやっている仕事が、同じような外面的な特色を持った人には考えられないものであることが理解できるでしょう。

筑波大学国際関係学類卒で三菱商事では渡辺さんの一年先輩、マッキンゼーで経営コンサルティングを経験し、ハーバード・ビジネス・スクールでMBAをとり、グロービス・マネジメント・バンクの代表を経て、現在はヘッドハンティングのプロとしてプロノバの代表を務める岡島悦子さんは、外的特色だけから考えると渡辺さんと似たプロフィールと思われるかもしれません。

岡島さんは、現在、冨山和彦さんの創立した経営共創基盤のアドバイザーを務め、「ほぼ日刊イトイ新聞」を出している糸井重里さんの事務所の仕事を手伝う、グロービスのVCのアドバイザー、日本発グローバルを目指すベンチャー企業の社外取締役など、「人と人をつなぐ」ことを天職として、日本人の「経営のプロ」を増やすことを目指し、「経営のプロ」が活躍する機会を創出する仕事をしています。

同じような外面的な特色を持つお二人でも、それぞれのスタイル、たとえばチームで仕事をすることを好むか、一人でするか、一般の知名度や評判をどの程度意識するか、などの内面的な特色によって、キャリアのビジョンや活動はだいぶ違うように見受けられます。

青山学院大学で私が教鞭を執っていた時代の私のゼミ生で、三菱商事に入った鳩山玲人さんは、三菱商事から、エイベックス、ローソンなどエンターテインメントおよびICT関連の会社に出向して数々のプロジェクトを担当しました。その後、ハーバード・ビジネス・スクールでMBAをとり、同族企業で一部上場企業であるサンリオに入って、同社のグローバル展開を中心に事業戦略と海外のオペレーションを統括しています。

渡辺さんや岡島さんと比較すると、男女の違いはありますが、鳩山さんの外面的な特色はそれほど違いません。しかし、仕事の内容はかなり違っていますし、その背景には、何を原動力としているか、どんなスタイルをとるか、どんな人にあこがれているか、何が好きか、など内面的な特色の違いがあります。プロフィールも違いますし、キャリアのビジョンもかなり違うことがわかっていただけるでしょう。

自分の内面的な強みを知る

客観的、外面的な特色は考えやすいとしても、自分の主観的、内面的な特色、特に強みはどのようにして見出したらよいのでしょうか。若い人と接すると自分の内面的な特色がわからない、自分でとらえられないという話を聞くことがかなりあります。その場合のアプローチの方法を紹介します。

自分の特色や特技を見つけるためにもっとも良いのは、子どものころから自分が時間を忘れるほど熱中したこと、本当に好きだと思ったことは何なのか、うまくできたことはどんなことだったのか、を思い返してみることです。好きなことは、続けてやっても疲れない、飽きない、時間を忘れて集中してしまうことが多いでしょう。

シリコンバレーのエンジニアのエネルギーに触れた経験から、東芝での華やかな昇進の可能性を捨てて、自ら半導体ベンチャー、ザイン・エレクトロニクスを創業した飯塚哲哉氏は子どものころの経験について「真空管ラジオをつくっていたら、気がつかないうちに朝になっていた」と語っています。

こうした子どものころからの「夢中になった」、「時間を忘れた」、「いつまで語ってもきりがない」ことや分野を思い返して、自分の好きなことを探してみることをお勧めします。

「自分にとってヒーローは、あこがれる人は誰か」と自分自身に質問をしてみたらどうでしょうか。その場合、ヒーローは有名な人でなくてもいいし、一人に限らず何人いてもいいし、「あこがれる対象」は、本で読んだり、話を聞いたりしたことから思いつくものであってもよいのです。「あこがれる」というのは、「ああいう人になりたい、ああいう生活をしたい、ああいう活動をしたい、評価されたい」と皆さんが思うことなのですから、そこから自分の特技や内面的な特色を探していきます。

こういうと、それでは単なる「夢」ではないか、子どもの夢はキャリアに結び付かないのではないか、と思う人もいるかもしれません。でも、子ども時代の夢から始まって今のキャリアにつながったという人は意外に多いようです。

子どものころからの夢を実現した人たち

たとえば、ビジネス分野における創業者の多くは、こうした子どものころから「好きだった」

「夢だった」ということから事業を始めています。

たとえば、ワタミグループの創業者である渡邊美樹前会長は、父親が事業に失敗した経験を身近で見ていて何としても自分で事業をしようと子どものころ決心したと語っています。日本電産の創業者の一人、永守重信現社長は、子どものころ、友だちの家に行き、ステーキをご馳走になったときの、その美味しさなどで生活の豊かさに触れ、その友だちの父親が社長であると聞いて、「社長」になろうと決めたといっておられました（それ以外になりたかったものは軍の大将、やくざの親分だそうです）。古くはホンダの創業者本田宗一郎さんがエンジンのにおいに限りないあこがれを持ったという話も有名です。

ビジネス分野以外でも、光ファイバーの研究で世界的に知られる小池康博さん（慶應義塾大学理工学部教授）は、子ども時代、「鉄腕アトムが大好きで、『鉄腕アトム自身か、アトムを創る人になりたかった』という夢から科学者への一歩が始まっている」と語っています。第1次南極越冬隊長だった西堀栄三郎氏は南極に行きたかったという子どものころからの夢を実現しています。

クリエイティブ分野でも、アートディレクターの佐藤可士和氏が「ミケランジェロやピカソ、アンディ・ウォーホルのような存在になりたい」といっていたことはよく知られています。小澤征爾氏が日本ではなく、世界で一流の指揮者になりたいと思ったこと、文楽の吉田蓑介氏が子供のころ、文楽の魅力にとりつかれ、人生をかけようと思ったことなど、子ども時代の夢がキャリア、それも世界的なキャリアに結び付いた人は意外に多いのです。ですから、子ども時代の夢は実現しないと最初からあきらめる必要はまったくないと思います。

私自身は、子ども時代、芸術家、スポーツ選手、未知の世界に挑む冒険家にあこがれていました。若い時は考えることも非現実的なので、指揮者の小澤征爾氏のヨーロッパ武者修行の本を読んでは音楽家になりたいと思ったり、中学・高校で英語劇や運動会でパフォーマンスの機会を得られれば、アーティストになりたいと考えたりしました。また、小学生のころから、漂流記などの冒険・探検小説は大好きで、何度も読み返しており、第1次南極越冬隊長の西堀栄三郎さんの話に魅せられ、あこがれていました。宇宙飛行士もあこがれの職業で、フロリダから衛星が打ち上げられる時のオーディオテープは何度聞いても飽きず、宇宙飛行士になることは永遠の夢でした。

好きなことがない？

「好きなことがない」、「あこがれている人や仕事がない」、「行きたいと思ったところがない」という人も時々います。実際に、一流大学や大学院卒業という学歴を持ち、可能性は限りないと私には見える人が、「私は何が好きかわからない」、「やりたい仕事や活動がないのだがどうしたらいいか」という質問をして来ることもあります。こうした事例は、ほとんどが考えすぎ、完璧・理想主義、ＯＲ（二律背反）重視の考え方から来ているようです。

何も思いつかない場合は、基準やハードルを高く設定しすぎてしまい、結局、その基準には何も合わないという状況を作り出してしまっているのではないか、と考えてみてはどうでしょうか。好きか嫌いか、やりたいかやりたくないか、という2つのＯＲのオプションでしか判断できないため、行き詰ってしまっていることも多いです。好きなことといってもそれしかないというほど、年がら年中それを好きでいるのは難しいでしょう。身近なことを考えても、好きな食べ物、好きな音楽、好きな場所など何でもいつも好き、それしか好きなものがないというわけではありません。好きなことをひとつに絞る必要もありません。好きなことといってもいくつかあるのが当たり前です。

好きなことは一生変えてはいけないと思いつめてしまって、好きなこと、あこがれている人が考えられないということもよくあります。しかし、好きなことやものが、子供の時からずっと変わらない人はあまりいないと思います。子どもの時や10代は××が好きだったけど、今はそうでもない、いろいろな経験をしたり、自分自身の生活が変わったりすると、好きなものが変わるし、ほかにもっと好きなものができます。どんなに好きでもある期間過ぎると飽きてしまい、ほかのものに興味が移ることもよくあります。それで当たり前なのです。

一生好きなことが変わらず、子どものころの夢を追って実現している人はいますが、それが大多数ではありません。誰も、途中でほかにもっと好きなこと、もっとうまくできて生きがいを感じることが見つかったり、本当に仕事としてやっていくには能力が足りない、努力をする気になれないと気づくこともあって当然です。自分の内面的な特色、特技、好きなことは、永久に続くものと考えず、「今の時点で考えると」という前提にして、柔軟性を持たせておくことが大事です。音楽家やプロゴルファーなど自分の好きなこと、得意なことを職業にしている人でもスランプに陥ったり、もう続けられないと思うことはよくあるようです。


私自身のアーティストやスポーツ選手になりたいという夢は、2つの経験であきらめました。

小学生のころ、ピアノを習っていましたが、その発表会で、同年代ですばらしい才能を持つ女の子のピアノを聞きました。技術はもちろんのこと、情感や心をこめたひき方をしたので、子どもの私にも、レベルが違うことがはっきりわかりました。音楽家には生まれつきの才能が必要なのだ、そしてどうやら私にはそれだけの才能はなさそうだ、という結論に達する出来事でした。

スポーツ選手になりたいという夢は単純に運動が好きだったからですが、高校時代にはちょっとした事件がありました。中学・高校時代は、硬式テニス部に属していて、たまたまシングルスに転向したところ、神奈川県の新人戦で決勝戦までいくことができました。それで、それまではあまり持っていなかった勝負への執着心について、自分でもその気になれば結構やれそうだ、と思うようになりました。当時、元デビスカップの選手であった方にめぐり合い、本格的にやらないか、といわれたこともありますが、どう考えても自分にそれほどの能力があるとは思えなかったし、たまたま相談した担任の先生に、「今やらなければならないことから逃げようとしているのではないか、本当にテニスにコミットする気はあるのか」と聞かれて、そうは思えなかったことから、やめたのでした。

音楽、スポーツなどある分野は、才能と大きなコミットメントが不可欠、それもレベルが違うことを認識したひとつのイベントでした。でも、それが大きな挫折感につながったわけではありませんでした。自分は一流の音楽家やスポーツ選手になれる素質はなさそうだ、とは思いましたが、だから私はだめだということには結び付きませんでした。

「好きらしい」ことから考えてみる

では、好きなことが思い当らない、考えられないという場合、どうしたらよいでしょうか。

私の提案は、特技、好きなこと、できることにかかわらず、「好きらしい」ことから考えてみるということです。やってもいい、これは好きらしいということから手をつけてみるのです。

実際にやってみたら、本当に好きか、そうでないか、がわかります。イメージとして好きだと決めつけてしまっていることもあるからです。コンサルティング会社を希望して就職活動をしている間に、たまたま金融サービス企業との面接の機会があって、面接してみたら、面接してくれた人のことも会社も気に入り、為替のディーリングの仕事についた私のゼミ生もいます。それまでは金融サービスには行きたくないといっていたのですが、実際行ってみたら、意外にフィットしていたのです。そういうこともあるので、あまり最初から決めつけない方がよいのではないでしょうか。

また、活動自体が好きなのか、あるいはそれをしている「人」や「環境」が好きなのか、と自分に質問してみます。もちろん仕事と人、場は関係が深く、ある種の人がある種の仕事についている、会社のカルチャーがあることは事実ですが、人や場だけにひきずられているのではないか、と考えてみるのもよいかもしれません。仕事やキャリアもその仕事自体――たとえば小売業――があなたは好きなのか、それともその業界のカルチャーや人々が好きなのか、によって、キャリアや仕事のビジョンは変わってくることがありますから。

外面的な特色から一歩進めて「経験」を振り返る

自分の年齢、学歴、職歴、資格や具体的な経験など、外面的な特色からも考えてみます。学歴といっても単に××大学卒とか修士号ということに加えてどんな経験をしたか、自分としては何を得たか、どんな価値を見出したかと、自分しかできないこと、いえないことを考えるといいでしょう。学歴というと客観的な事実だけを示すものと思われますが、実は、厳しいプレッシャーを受けながらも修了できたとか、最初は良い結果が得られなかったけれど、途中でリカバーしたので、どんな場合でもリカバーできるという自信につながったとか、いろいろな国の人と一緒に活動したために柔軟性が増したなど、ソフトな体験が実は大きな内面的な特色を形作っていることもあります。

自分の内面的な特色を周囲の人に聞く

自分一人で考えていないで、周りの人の意見を聞いてみるのもよいと思います。自分ではそうと意識していなくても、一緒に活動をした人から、「あなたは皆の良いところを引き出すソフトな力がある」とか「複雑なロジスティックスやイベントのアレンジがとてもよくできる」などといわれて、自分の内面的な特色に気がつくこともあります。「あなたは何でも苦にせずすぐやってくれる働き者だ」といわれて、自分が当たり前と思ってやってきたことが必ずしもそうでもなさそうだ、自分の内面的な特色なのだ、と自覚することもあります。「どんなに難しいと思われることをいわれてもあなたはあきらめない、何とか指示されたことをやりとげようとして何らかのアウトプットを持ってくる」といわれれば、自分自身が気づいていなかった力を知ることにもなるでしょう。

逆に「自分はすごい！」と思っていても、それは自分の知っているごく一部の世界ですごいだけで、別の世界に足を踏み入れたら、自分の能力のなさに気がつくということもあります。プロのスポーツ選手など、高校生や大学生の時は優れた成績を残していたので、プロでもやれると思ってプロの世界に入ったら、プロの鍛え方や仕事に対する姿勢が真剣なので、自分の力のなさを思い知ったというような事例は皆さんもよく耳にするでしょう。自分を過大評価したり過小評価したりするのはよくあることなので、いろいろな局面で知りあった周囲の人に聞いてみるのも効果的です。

自分の強みがいかせるキャリアの「場」を見出す

生計が立てられる「場」が必要

自分のユニークなプロフィールが見つかったといっても、ただユニークなだけではキャリアとしては十分ではありません。仕事やキャリアは、皆さんにとって、自分の好きなことや得意なことを追求する対象であり、人生の時間の大きな部分を過ごす活動です。自分の自信のよりどころとなるものであることは間違いありません。しかし、自分だけで勝手にユニークだから良いと思っていても、それをいかす「場」との組み合わせを考えないと、仕事としては成立しません。仕事として生計を立てるためには、ユニークな自分のプロフィールを評価してくれる市場（要するに買ってくれる人や組織）があるか、そこで明確な成果が出せるか、という分析が必要です。

ユニークな組み合わせであっても、それに対して対価を払う準備のある組織や人がいないのでは、仕事として成立しません。自分のユニークな得意技の組み合わせを買ってくれるお客様がいなくてはならないわけです。自分らしさ、ほかと違うユニークさというと単に周囲と違っていればよい、と誤解されることがありますが、ただ違うというだけでは雇用や仕事には結び付きません。独自の基準でお客様に新たな価値を提供していると信じていても、そう思うのが自分だけでは仕事にはできないのです。その価値を見出し、評価してくれる人が必要なのです。自分を信じるという自信を持つことは重要ですが、自分だけが信じているユニークさでは、キャリアの基盤として活用することは難しいです。

言い換えると、自分の持つ武器（供給サイド）とそれを必要とする顧客・市場（需要サイド）とのマッチング、供給と需要の間に橋をかけること、自分の得意技によって生計が立てられるキャリアの「場」が必要なのです。

成長市場が良いとは限らない

せっかくここまで考えてきた自分のユニークさを忘れて、脚光を浴びている職種や業界に仕事やキャリアの「場」を求めるのも問題がありそうです。仕事を探している人々から、「これからはどんな業界、どんな職種が高い可能性を持っていますか」と聞かれることが時々あります。これは企業が事業戦略を立てる際に、「これから伸びる業界は何か、どんな市場にポテンシャルがあるか」と考えるのと同じことです。それだけでは、「外部環境」だけを考えていて、「自社」を考える視点が不足しているため、有効ではありません。

個人のキャリアでも、人気のある職種や業界だけに注目してしまい、そこで、せっかく考えた自分の外面的・内面的なユニークさがいかせるのか、勝負できるのか、を考えていないことになります。企業も将来性のある業界はわかりやすいので、多くの企業がそこに殺到し、結局収益性が下がってしまうことがよくあります。自社の力がその業界でいかせるか、という点を考えずに多角化して、事業が育たず、結局撤退した企業が多いことは皆さんもご存じでしょう。

キャリアや仕事を考える際も、自分のハード・ソフト両面の組み合わせを原点として、どんな分野でその力がいかせそうか、を考えることをお勧めします。そのためには、これまでの枠組みで考えた自分のハードな特色やソフトな側面という箱から出て（アウト・オブ・ボックス思考）、自分の力を、一歩退いてもっと広い視野から見たり、見る角度を変えたり、他の分野から横断してみる、などの広く多様な視座を持つことです。

ここまで、自分の強みを組み合わせで考えてユニークさを探す、そしてそれを評価してくれる分野を自分の仕事の場とすると説明してきました。しかし、自分の特色（外面的なものと内面的なものを組み合わせたものがよい）を新しい観点から眺めて、キャリアの場を考えるといってもどうやって新しい観点を見つけたらよいのか、どうしたらそのきっかけがつかめるのか、という疑問を持つことでしょう。ここで個人の「オープン化」が鍵となるのです。

勝手知ったる場や環境にとどまっていては、「新しい観点」から自分のユニークさを評価してくれそうな「場」を見出すことは難しいでしょう。「自分の特色を新しい分野から、世界から見てみる」ために効果的なのが、外の世界、自分にとって新しい分野に直接触れることです。この場合、「オープン化」とは何をさすのでしょうか。そして具体的にはどんな行動が必要なのでしょうか。

個人にとってオープン化とは、狭い箱に自分を閉じ込めない、今までいわれてきた枠組みで、分野、専門、特技を考えない、広く世界に目を向けるということです。そしてこれは難しく考えず、誰でも「その気になれば」できることです。

キャリアの場を見つけるための「オープン化」

日本にこだわらず地域を超える

これだけ境界の意味がなくなりつつあるのに、日本にこだわる必要はまったくないと思います。日本は、人口も減少傾向にあり、高齢化が進み、ほとんどの業界、分野が成熟市場になっていて、これから大きな成長は期待できません。しかし、すぐ近くにある中国、インド、アセアン諸国は人口が急成長し、インフラも耐久消費財も一般消費財市場も大きな成長が予想されます。こんなにポテンシャルがある市場がすぐ近くにあるなら、そこに関心を持って、日本の外で何ができるか、を考えてはどうでしょうか。

日本の社会は、世界を吹き荒れている大きな力のシフトの風——今まで権威を持っていたものから新たな価値を持つものへ、供給者から消費者へなど——がまだその勢いを得ていません。相変わらず昔からのブランド大企業が幅を利かせ、財界、政界、学界など、年齢の高い人が高い地位についたままで、ＩＣＴがもたらしている社会のダイナミズムがほとんど感じられません。

成熟化が進み、あまり機会に恵まれない日本より、海外それも新興経済の国でのキャリアを考えた方が大きなポテンシャルがありそうです。少子高齢化が進み、街を歩いていてもあまりエネルギーが感じられず、閉塞感がある日本よりは、若い世代の比率が高く、これからが自分たちの時代と希望に燃えて、「何でもできる」、「可能性は限りない」という感じが社会にあふれているアジア諸国などにいる方が、やる気が出るのではないでしょうか。

地域でも業界でも、希望に燃えている人が多く、地域や業界の成長が期待でき、新しいことやチャレンジに対して社会全体が前向きな方が、皆さん自身もキャリアを考える上で積極的になれると思うからです。

歴史が新しく、次々にベンチャーが登場したり、リーダーが交代する業界に身を置く方が、周囲に「常に新しいことをやっている人」がいる可能性は高いし、「すぐ行動を起こす」働き者も多いです。新しいことをやりたい人が多く、実際にそれができる地域、業界、組織に身を置く方が、キャリアの広がりは大きいと思います。新しいものへの関心が高く、興味をもって新しいプロジェクトをしている人のエネルギーは伝染しますから、その場にいるとそれに引っ張られるという経験は皆さんにもあるでしょう。

それと比べて、閉塞感が強く、あきらめの気分が充満しており、何でも「それはだめ」という新しいものを恐れる社会、何をいっても「そんなことはやったことがない、やってもだめ」という人が多い組織は、従来からの発想でなく新しくキャリアを考えよう、自分の子供時代の夢をかなえようという人には、向いていません。

日本にももちろん良い点は多々ありますが、若い世代からみて、閉塞感が強く、どこを見ても「灰色」の景色に見える日本社会にこだわっていても、新しい道は開けません。グローバル人材が必要などといっている割に、21世紀の世界の感覚を持たず、情報通信技術のメリットを体感していない人たちが高い地位に居座る中、その人たちが変わるのをいつまで待っても、時間切れになってしまいます。

高齢化が進み、今後さらに上がつかえる可能性が高い国に引きこもって、「空気を読んでいる」

よりも、もっと希望が持てる、成長の可能性が大きな国や地域を訪ね、自分でその息吹を感じてみる気にはならないでしょうか。これからもっと良い生活ができる、自分たちの時代はこれからだという希望に燃える目をした若者が多い国に行って、その勢いや情熱を感じる方が、リスクや苦労はあっても、人生の充実感が味わえると思うのは私だけでしょうか。

世界はその気にさえなれば、皆さんのすぐ手に届くところにあるのです。インターネットを活用すれば、世界のどこにいる、どんな人にでも、どんなプロジェクトにもアクセスすることができます。日本の一流大学に行かなくても、コースのシラバスはもちろん、教材のほとんどを世界に公開している優れた大学や大学院は世界には多数あります。日本の一流大学といわれているところの方がかえって閉鎖的で、日本語中心、世界のルールからはかけ離れたスケジュールで授業をしていることは、iTunesU などを見ればすぐにわかることです。

スポーツ選手の中にも、場所を変えた、広い世界に飛び出したことから、その人のユニークさが際立ってきた事例があります。

ボストン・レッドソックスの岡島秀樹選手は、日本にいた時から力があるとは思われていましたが、メジャーリーグの人気チームに入ってから、さらに信頼される「中継ぎ」としての力を発揮しているのです。メジャーに行って4年経っているわけですから、岡島選手の実績は、単なる幸運によるものではないと思います。岡島選手の中継ぎとしてのユニークさは、日本のプロ野球よりもメジャーリーグ、そしてボストン・レッドソックスというチームで、より光っているといえるのではないでしょうか。自分の力を広い世界で見直した（というより、見直されたといった方がよいかもしれません）良い例です。

自分が考える枠組みを超えて分野を広げる

今まで自分が考えてきた枠組みの中で自分の特色を考えるのではなく、「もっと広い世界」の違った見方からオープンに自分の特色を見直してみることも効果的です。

たとえば私が取材で出会った毎日新聞科学環境部デスクの元村有希子さんは、大学時代、心理学を専攻していて、カウンセラーの仕事を目指していました。しかし、カウンセラーの仕事は狭き門で競争が厳しかったので、自分の興味や強みは何かをもう一度見直してみました。

その結果、自分は、カウンセラーという仕事自体ではなく、コミュニケーションに興味があり、コミュニケーションを軸にした仕事をしたいことに気がつきました。元村さんは、コミュニケーションに携わる仕事ということで、カウンセラーよりずっと範囲の広い「マスコミ」という世界から自分の強みをいかそうと考えました。

新聞社に入った元村さんは、科学が社会に根付いている英国への留学をはさんで、新聞だけでなく、大学の講座、テレビ番組、各種講演やセミナーなど広い範囲で、科学を一般の人に広く伝えるというコミュニケーションを目指してさまざまな活動を続けています。

元村さんの事例は、自分の特色を広い分野から見直して、ユニークさをいかした好例です。そしてその背景には、新しい世界を切り拓いていく「オープン化」があることがわかるでしょう。


元村さんと対照的に、自分の強みや得意技をこれまでの枠組みで狭くとらえてしまっているために、なかなか展望が開けていない人も見受けられます。

たとえば、海外から日本に来る人たち、特に学生のサポートをしたい、それも教育機関でしたい、というキャリア・ビジョンを持っている人がいます。その人がこの仕事をしていく上で必要な知識、スキル、経験を持っていることは明らかですが、自分の世界を教育機関と限ってしまうと、キャリアの可能性がかなり制限されてしまいます。

海外と日本、生活していく上でのいろいろなサポートをしてきた今までの経験を広い範囲から眺めてみて、自分の得意技は何なのか、活動の何が好きなのか、どれが得意なのか、などと世界を広げてみると、ユニークさをいかせる世界が広がり、もっと多くの可能性が開かれてくると思います。こうしたスキルや知識、経験を実際に持っている人はそれほどいないわけですから。

米国には、今活躍している分野とはまったくかけ離れた分野を学生時代に専攻していた人も多いです。たとえば、プロゴルファーで医師の資格を持つ人、学者で野球のメジャーリーグにスカウトされた人、野球とフットボールの両方の選手などです。米国FRB（連邦準備理事会）の前議長だったアラン・グリーンスパンがジュリアード音楽院の出身であることはよく知られています。

日本では文系・理系という分け方をすることが多く、文系だけど情報通信技術の分野で活躍するなどというキャリアは、今までの枠組みでは区分がしにくい、だからなかなか評価されにくいと思われてきました。しかし、業界も企業も多岐にわたった技術や能力が必要となる中、最初から分野を限ってしまう必要はないと思います。

たとえば大学の専攻や自分の内面的な特色から考えてみましょう。この専攻の人は金融関係に進むことが多い、あるいは通信機器や半導体の製造業に進むことが多いなど、ある専攻の人たちの大多数が特定の分野に進むパターンはよく見られます。一流大学の文系だから大手の都市銀行へ、商社へと方向を決めて、その業界や分野の人とばかり接していたのでは新しい世界はなかなか開けません。たとえば経営コンサルタントになりたいと考え、そしてそれに見合う専攻を選んできたからといって、就職先を経営コンサルティング分野だけに決めてしまう必要はありません。

前に述べたように、たまたま金融サービス業界の人に出会い、あなたに向いているのではないか、といわれ、自分自身も水にあっていると感じた人が、トレーディングの分野でキャリアを築き始めた事例もあります。

専攻が電子工学だからといって通信機器の業界に進むだけがルールではなく、まったく違った分野や業界に可能性が開かれていることもあります。元村有希子さんの例のように、心理学を専攻していて、カウンセラーになりたいと思っていたが、希望する分野の就職が難しい年にあたって、自分の特色や興味はコミュニケーションであると考え直して、新聞社に勤めるキャリアを選んだ事例もあります。

分野を超えて2つの世界を融合する

分野を超えた組み合わせが最近よく見られるのは、社会起業家です。社会起業家の多くは、ビジネスの考え方ややり方を社会的な活動に転用しています。マイクロソフトの創業者のビル・ゲイツがマイクロソフトからＮＰＯのビル＆メリンダ・ゲイツ財団に移ったことは、分野の転用、横断、融合のひとつの好例です。ゲイツ財団は、世界で最大の資産を持つ財団ですが、支援する組織の選び方、厳しい評価のプロセスなど、ビジネスの考え方を駆使していることで知られてきました。

しかし、自ら、社会活動に転身したビル・ゲイツは、マイクロソフトというパソコン時代を画したベンチャーの創立者というビジネス上の輝かしい業績とともに、営利と非営利を自らの行動で融合しようとしている点で大きな示唆を与えたと思います。

日本にもビジネスの考え方を社会活動に応用している事例があります。そのひとつは、PART1でも紹介したテーブル・フォー・ツー（TFT）です。TFTは、ダボス会議で知られる世界経済フォーラムのヤング・グローバル・リーダー（YGL）——40歳までである分野に秀でるばかりでなく社会的活動にも積極的な次世代のリーダー——の日本人グループが創立したNPOです。TFTは、欧米や日本など高度経済の国の肥満や生活習慣病と途上国の飢餓、栄養不良、食糧難という両極の課題を一度に解決しようとするものです。

TFTの現在の代表である小暮真久さんは、日本の大学を卒業した後、オーストラリアの大学院で人工心臓の研究をしました。その後、日本に帰り、松竹の事業開発、経営コンサルティング会社マッキンゼーでの経験を経て、ニューヨークで会ったジェフリー・サックスから大きな影響を受け、TFTに参加し、今では活動の中心となっています。TFT自体もですが、小暮さんのキャリアも分野を融合した事例のひとつといえるでしょう。

シリコンバレーで活動する梅田望夫さんは、好きな将棋の世界に、それまで培ってきたシリコンバレーでのIT関係のコンサルティングの経験や論理的な考え方を応用しています。将棋の世界には日本古来の伝統と歴史がありますが、これまではごく一部の将棋が指せる人、強い人だけに閉ざされていた世界だったともいえます。

しかし梅田さんは、将棋の世界で起こっていることをＩＴで開かれる新しい世界の先駆け、そして羽生善治さんをはじめとするプロの棋士を新しい世界を切り開くパイオニアとして、いろいろな観点から解釈しています。将棋をＩＴの世界と比較・融合して、わかりやすく説明し、その意義を広く世界に知らせています。一見関係ないような分野の融合は、梅田さんの論理的思考法や情報通信技術の深い知識や能力があって初めて可能になっているのです。

『シリコンバレーから将棋を観る』（中央公論新社）にある「自分が本当に書きたかった本はこれだった」というコメントは、自分の身近な知識や技術をまったく別の世界に応用し、２つの世界を融合して、新しいユニークな活動を発見した喜びにあふれていると思います。

新しい市場を創り出す

自分のユニークさを評価して買ってくれる「場」が必要といっても、既存の市場だけを考える必要はありません。ユニークな組み合わせを初めて提供して、新しい市場をつくることもできます。

たとえば、筑摩書房の編集者だった福田恭子さんは、出版社で編集の経験を積み、それまでの実績から、業界ではよく知られる存在になりました。福田さんは、小学生のころから好きだった編集の仕事を、キャリア・ビジョン、ありたい姿として、書籍の編集からキャリアを始めています。

しかし、日本経済新聞社出版局で経験を積み、筑摩書房で数々の優れた書籍の担当をするうちに、福田さんは、自分の得意技は、「編集」よりも、「ユニークな輝き、見解を持つ人やものを世界に紹介して、それを花開かせることのようだ」という結論に達しました。自分の本当に好きなこと、強みがわかってきたのはよいのですが、その強みを評価してくれる、対価を払ってくれる「市場」や「お客様」は誰なのか、がはっきりしませんでした。

そうしているうちに、日本企業の中には、オープン化しつつある世界に対して行うコミュニケーションの力、とりわけ経営者のメッセージ発信力が不足している企業がかなりあることを痛感しました。そこで、筑摩書房を辞めて独立し、「これは」という特色を持つ企業のコミュニケーション戦略全般とその実践をサポートするサービスを立ち上げています。

福田さんの試みは、存在感を失いつつある日本企業の世界へ向けての「発信ニーズ」と自分の持つ編集という確固とした技術を組み合わせて、新しい価値、サービスを提供しようとするものです。

福田さんが得意技を「出版社における書籍の編集」と定義してしまっていたら、企業や組織のコミュニケーション・ニーズの高さ、そのニーズにこたえるコミュニケーション戦略コンサルティングというサービスとの組み合わせには気がつかなかったのではないかと思います。自分の得意技を既存の枠組みや定義にとらわれずに考えてみたことから、「隠れた才能」とそれをいかす「場」を見出したのではないでしょうか。またこのサービスに対価を払ってくれる企業・人が「出版社」の外に存在する、ということが福田さんにとって大きなブレークスルーとなる発見だったと思われます。

ＰＡＲＴ４で紹介する上野佳恵さんは、インターネットで情報が蓄積され、誰にでもアクセスできるようになってきたタイミングをいかして、それまでの課題別リサーチの経験を元手に、「課題解決のための情報を世界から広く集めて、ナビゲートする」という新しい組み合わせを見出し、独立して、新しい市場を創出し、事業を展開しています。

ユニークな組み合わせは批判も受ける

ユニークな組み合わせは、一般的ではなく、新しいアイディアであることが多いものです。特にそれまでは必ずしも互いに友好的とはいえない分野の融合など、どちらかというと対立の構図でとらえられて、融合などもってのほかと考えられていたような組み合わせの場合、両方の分野から批判される可能性があります。

アカデミックな分野や音楽、料理などでも、現在はフュージョンや融合の地位が確立されてきていますが、ある分野だけを追求してきた人々から、「融合しようとする活動」が批判を受けることはよくあります。たとえば、経営では、サイエンスとアート、定量的財務分析と人文系の知識や知恵、自然科学と社会科学など、理系と文系を融合する分野の必要性はかなり前から提起されていますが、実際問題として、融合した分野で研究するとどちらの分野の評価基準にも合わないため、認められない、したがって、若手で挑戦する人が少なくなるという問題がよく見受けられます。

音楽でも同様で、クラシックとポピュラー、和楽と洋楽の境界など、これまでの枠組みには侮りがたい力があります。しかし、最近は日本でも、野田秀樹と中村勘三郎の共演や、サイトウ・キネン・オーケストラにおける和楽とオーケストラの共演など、融合への道は開かれつつあります。

最近、ファッションから建築まで広範囲にわたって、日本の伝統や歴史を新たな視点から見直し、応用する若手デザイナーが多数出てきて活躍しています。藤原大、佐藤可士和、隈研吾など、積極的に融合、組み合わせをしている人々が道を開き、さらにそういう人がどんどん登場することが期待できます。

ユニークな組み合わせは、それに価値がありそうだと思うお客様を見つけても、それまでの実績がなく、対価を払ってくれるように説得することが難しいことが多くあります。しかし、当初は疑問視されていたものでも、年々実力や真価がわかるにつれて、人気が高くなり、継続できるほど力を持ってきています。成果が見えてくれれば、このような批判は消えていくのです。

ここまでの事例で示したとおり、「ORをANDにする」ためには、ただ待っているだけ、自分一人で考えているだけでは道は開けません。いずれも、自分の強みや得意技を今までの枠組みで定義せず、新しい世界に触れたからこそ、自分の得意技を別の世界から見直してみることができたのです。

新しい世界に自ら触れる機会をとらえ、それまでは考えていなかった分野の人に積極的に会い、新しい地域に自ら行ってみた、つまり自分を「オープン化」することから、「ORをANDにする」組み合わせがわかってきています。外に目を開き、可能性を自ら試してみるという「オープン化」、そしていろいろな「組み合わせ」を試してみるという姿勢が必要です。自分のユニークなプロフィールとそれを評価してくれる仕事の場であるキャリアも常に試行錯誤してみるとよいと思います。

というと、若い世代の皆さんは、今の時代の厳しさがわかっていない、外国についての情報はたくさんあるから行かなくてもわかる、平和で安全な日本を離れてなぜ危険があるかも知れないところにいくのか、食事も生活も不便のない日本にいて何が悪いのか、といわれるかもしれません。そう思っている人には、「これからずっと内にこもった生活を数十年続けてよいのでしょうか」、「平和で安全、生活に不便のない日本社会は、今後もずっとその状態を続けていけるのでしょうか、ほかにもっとエキサイティングで充実した、良い生活ができる国や場所が現れる可能性はないのでしょうか」と聞いてみたいです。

現状でよい、今の枠組みやルールの中で、一番よさそうな道をとるのでということでよいのでしょうか。こうした姿勢は、世界がこれまでと同じような状況で継続することを前提としています。しかし、「はじめに」でも述べたように、世界はここ数年を振り返っただけでも大きく変化しているのです。今後さらに大きな変化が私たちに降りかかってくることはほとんど間違いがないと思います。

変化には常に不安や恐怖が伴います。先の見通しがつかない、何が起こるかわからないので、悪いことが起こるのではないか、と将来を心配したり、古き良き時代を思い起こして、過去を回顧したりする人が多いことも事実です。皆さんが70代以上だったら、それでも良いかもしれませんが、10代後半、20代、30代初めだとしたら、将来が不安だからといって現状を維持することでよいのでしょうか。明らかにじり貧になり、将来の展望がない国で、将来の展望がない仕事をしていて、自分の人生はよかったといえるのでしょうか。

私が皆さんの世代だったら、まず外の世界に自分を開きます。世界がオープン化しているという現在の姿とこれからを考えて、今まで見たこともいったこともない世界へ、大きな可能性が期待できる広い世界へ、と歩を進めます。そしてそのために自分でできることを今日から始めると思います。

PART 3

グローバルキャリアへの実践トレーニング

ＰＡＲＴ2ではユニークな自分のプロフィールを考え、その強みがいかせるキャリアの「場」を見出すことが今必要だと述べました。その時にこれまでの枠組みにとらわれず、広く「オープン化」し、「ＯＲをＡＮＤにする」組み合わせはないかと試してみることが不可欠だと強調してきました。この活動がキャリア戦略を考え、実行することになるのです。ＰＡＲＴ3では、それを実際にやってみる時の留意点と、誰でもできる実践のコツ、今日から始めることができる簡単なトレーニングの方法を紹介します。

論理的・正統的なアプローチが不可欠か？

キャリア戦略を考える、実行するというと、事業戦略と同じように、「ビジョンや目標をまず明確にして、そこに到達するためのステップを具体的に考え、それを実行していく」というアドバイスが多くの自己啓発的なテキスト本には書いてあります。私自身もキャリア、留学、進路について相談したいという人に会うと、悩みをざっと聞いた後、「あなたがしたいことは何ですか、目標は何ですか？」という質問をすることが多いです。

皆さんもキャリアを考えるためには、自分のビジョンをまず作り、それを実現するにはどんな知識、技術、能力、経験が必要なのか、を見極め、そのために専攻を選ぶ、専門学校や大学院に行く、留学する、業界や会社を選ぶというアプローチをとっているかもしれません。この方法は論理的で、正統的なアプローチであることは間違いありません。もちろん、このようなやり方でキャリアを考えることができればすばらしいと思います。

しかし、「はじめに」にでも説明したように、今の時代はどんな変化が起こるかわからない、変化のスピードがこれまでとはケタ違いに速い時代です。今までは意味のあった枠組みや境界、そして権威が必ずしも有効とは限らないし、それらが覆されている時代です。あれかこれかを選ばなくてはならなかったトレードオフがなくなりつつある中で、ＡＮＤでつなぐことができる新しい組み合わせをいくつか考えてみる必要があります。

キャリアを考える上でも、自分のユニークな組み合わせと思われるものを広い世界で試して反応を見てみることが次のステップとなります。テキストに書いてあるように、ビジョンから戦略、そして具体的な活動というアプローチを完成させよう、それから実行に移そうと思っても、実際はなかなか難しいでしょう。

この本を書くにあたって、私が話を聞いた20代から40代までの約20人たちの中で、最初から明確なキャリアのビジョンを持って、それを着々と実現している人はごく少数でした。それ以外の人たちは、「キャリアのビジョンはあったが、卒業した年が就職氷河期で希望する業界や企業に入ることができなかった」、「やりたい仕事はあったが、あまりはっきりしておらず、なるべく近そうな業界や企業に入って仕事をするうちに本当に自分がしたいことは何か、そうでないことは何かがわかってきた」、「ある程度の目標を持って留学や就職をしたが、実際資格を取ったり、仕事をしてみたら、予想していなかった道が開かれた」、「目指すキャリアはあってその実現につながりそうな仕事をし始めたが、実力が足りない、性格に向いていないことがわかって挫折し、方針を大きく転換せざるを得なかった」という人が多かったのです。

私自身も学生時代や20代には考えてもしていなかった仕事をしてきましたし、今もしているわけですから、キャリア・ビジョンをまず作る、それから……というテキストにあるようなアプローチでなくても、やりがいのあるキャリア、ライフスタイルを実現することは可能だと思います。

特に、今までの枠組みを離れて、自分のユニークな特色を探す、それがフィットする仕事や分野を見出すことが大切です。そうなると、キャリアのビジョンやありたい姿は、すでにあるものではなく、新しいアプローチを常に探していかなくてはなりません。今までにない新しい組み合わせ、新しいアプローチ、広く世界に自分自身を開くことと、テキストにあるようなビジョンは相容れないことは、本書を読んでいる皆さんも気づいているでしょう。

世界のオープン化は、国、業界、分野、会社にしばられないキャリアを可能にしています。「O

RをANDにする」組み合わせは、既存の枠組みを離れて、新しい世界から自分の特色を見直す、限りない可能性を開いています。常に外に目を開き、これまでの枠組みや常識にとらわれたり、今までのキャリア・成功パターンや成功モデルにしばられることなく、自由に柔軟に感度よく活動していけば、皆さんの求めるキャリアのビジョン、ありたい姿が広がる可能性は限りがないのです。

それではどうしたらよいのでしょうか。正統的なキャリア戦略をつくるアプローチを試してみることに意味はないのでしょうか。卒業した年度によって、就職できる分野や職業の可能性が左右され、皆さんがたまたま運悪い年に卒業することになったとしたら、「計画を立てても無駄だから、そもそも立てない。その年の状況に臨機応変に対応する」ということでよいのでしょうか。

すでに仕事を始めている若い世代の中にも、就職した時はバラ色と思われていた会社や業界が世界不況の影響から大きな打撃を受けて、あっという間に買収の対象になったり、構造不況業種になったりした経験を持つ人がいるでしょう。「自分のキャリア・ビジョンを考えて、企業や業界を選んでも意味がない」と「何とか今の会社や業界でやっていこう、しがみつこう」としているだけでよいのでしょうか。

機会をとらえる

「すぐやる課」を実践する

「はっきりしたビジョンとアプローチがなくてもよい、無限の可能性がある、ビジョンを見直していけばよい、それで当たり前」だとしても、それでは具体的に何をしたらよいのか、と皆さんは思うかもしれません。それを次に考えましょう。一言でいうと、「機会をとらえる」ことです。

印象的な人に会った、本を読んで感動した、すばらしい場所にいった、圧倒されるような経験をした、などは誰にでもあることだと思います。すごい、ああいう人になりたい、あんなことがしたい、ああいうところに住みたい、こんなところで仕事がしたい、など誰でも感じることです。しかしその「感じ」から何か行動を始めるか、それを自分に置き換えて行動に移すか、どんな行動をするか、そこから自分がすぐ何をするか、がその出来事の意味を大きく変えるのです。

グラミン銀行を始めたムハマド・ユヌス氏に手紙を出したことから、NPOを始めた大学生のグループがあります。「はじめに」でふれた『世界級キャリアのつくり方』に「すごいと思ったらすぐ行動する」と書いてあったから、グラミン銀行に手紙を出してみたら返事が来て、バングラデシュに行くことになった。その前に私に会いたいといってきたのは、この大学生のグループです。彼らは、共著者の黒川清さんも訪ねていましたし、その後、「学生のバングラデシュ研修プロジェクトを計画したが、応募期間が短いので、ブログで告知をしてほしい」といってきたのもこのグループです。

メンバーの中には、すでにバングラデシュでNPOの成果を上げている人もいるし、今世界の現場を歩いている人もいます。研修旅行が終わるとその結果を報告しに来るなど、彼らと私との間のコミュニケーションはかなり頻繁にあります。

だからといって、私は彼らの活動を何でも応援しているわけではなく、このグループのアイディアを聞いていて、私が違う意見を持っている時はどんどんそれをいいますし、無理な依頼は断ることもあります。

しかし、思ったらすぐ行動に移す、だめかもしれないが試してみる、という姿勢は、私たち皆が見習うことができると思います

誰でも印象的なこと、刺激を受けることがあると、「やろう！」という気にはなるのですが、すぐに行動に移す人はそれほどいないようです。理由にはいろいろあるでしょうが、ほとんど

の場合、時間が経つと、その時感じた意欲が失われてしまうのだと思います。そこで、時を置かずすぐやる、何か行動するということが時間への感度を増し、機会をとらえる身近なやり方です。

私も「すごい！」と思う人に会ったり、印象的なセミナーを聞いたり、本を読んだりすると、すぐに、その人自身に、私が感動したということを知らせなくてはと思います。最近はメールがあるので、メールを出すこともありますし、手紙を出すこともかなりあります。刺激を受けて何かやろうと思った場合は、そのごく一部でもすぐに手をつけます。

「あまり考えずにやるのだなあ」という印象をもたれるかもしれませんが、まさにそれがコツなのです。考えすぎると、できない理由、もっと良いやり方があるのではないか、という疑問、本当にやってよいのだろうかという不安など、いろいろ雑念が起こってきてしまいます。

たとえば学校や会社を辞めてしまうというような、後で取り返すことができない、修正不可能な大きな意思決定はそうはいきませんが、自分の責任ですぐ始められることはあまり考えずに始めてしまうのです。転職とか辞職とかの場合は、すぐ行動に移さず、少し考えたり、ほかの人の意見を聞いたりしますが、投資をするといっても自分の時間くらいで金額も少ない、何かプラスの方向への一歩になるという場合は、時を置かずすぐ決めて何らかのコミットをしてしまいます。

後で「違った」と思ったら、やめればよいのだし、もっと良い方法があったらそれに乗り換えればよいわけです。自分でもできるという印象を自分自身に植え付けるために、「すぐやる課」を実践するのです。

ワークショップ、セミナー、講演などの講師を務めると、社会人が対象の場合、あとで受講者の人たちと名刺交換をすることがよくあります。しかし、そのあとでメールが来たり、ブログやツイッターにコメントをいただくなど、何か働きかけがあるのは全体の10％以下です。なぜ10％に満たないのでしょうか。名刺は家に保管してあるのでしょうか、それともゴミ箱に一直線でしょうか、と時々思います。

時間が経つと講演やセミナーのインパクトが意外に小さい、何だ、こんなことだったのか、とわかるのかもしれません。すぐ忘れてしまうのかもしれません。ひとつ考えられる理由は「すぐやらない」、「機会をとらえない」ことではないでしょうか。

機会を機会ととらえ、すぐつかまえようとするか、機会はまた来る、もっと良い機会が来ると考えてやり過ごすか、は、「時間への感度」と、それが自分に何かをもたらす機会であると「直感」するか、によって決まります。問題解決能力や分析力が重要といわれている中で、「直感」による、というと、疑問に思う人もいるかもしれませんが、ある程度の知識や経験に裏打ちされた「直感」はとても大切です。

すべての可能性を考えて、良い点と悪い点を分析し、意思決定するやり方は、課題自体が複雑な場合や自分の調子が悪く、感度が悪い、つまり勘が働かなくて、多くの人の意見や参加が必要な場合以外は、あまり有効ではありません。自分のキャリアやライフスタイルを決めていく場合には、分析の効果は薄いと私は思っています。十分考えないと行動に移せないというのは、行動しないことの言い訳に使われることも多く、十分考えたからといって良い結果になるとは限りません。

それよりもその場での強いインパクトや鮮やかな印象が心に深く残っているうちに、行動に移すことが大事だと思います。ああいう人になりたいなあ、と思った時こそ、すぐ行動に移す最高のチャンスなのです。皆さんも今日からすぐ行動してください。

どんな人にも機会はやってくる

ビジョンを考える段階で外に広くオープン化するだけでなく、就職活動をしている最中や、仕事をし始めてからも、常に外の世界に目を開いておくこと、機会をとらえることが大事です。特に新しいことをする機会が目の前に現れた時は、「まずやってみる」ことです。新しい世界に分け入る機会に目を開き、実際行ってみる、自分自身でいくつかの世界に「住む」経験をしてみる、その機会があったら、試してみることです。

こういうと、リスクがあるかもしれないので、よく考えてからするべきだ、とか、なぜ様子がわかっている世界から一歩踏み出す必要があるのか、とかいわれることも多いです。そうはいわなくても、今までの世界とあまりかけ離れたところではなく、身近なところから試した方がよいのではないか、（事業の多様化と同じ）と思う方も多いでしょう。

私はあえて、まったく違った世界でも機会があるのなら試してみたらよいと思います。機会は一度逃すと二度と現れてこないことが多いし、機会を試してみたら、うまくいかなくてもそこから学べることが多いと思うからです。

優れた業績を残している人、すばらしい活動をしている人のことを評して、あの人たちは幸運な機会を得たからであって、自分にはそのような機会が与えられていない、と嘆く人がいます（業績を残している人も自分は機会に恵まれていた、幸運だったという人は多いです）。

機会が与えられたとしてそれを自分のものにできるかは、結局は皆さん自身にかかっているのです。機会が与えられないから自分のキャリアはよいものにならなかったとか、機会さえ与えられていればこんな仕事や人生は送らなくてよかったのに、という人は、機会に気がつかなかったのか、機会が目の前に現れた時にそれをつかまなかったのか、準備が足りなくて、機会を最大限にいかせなかったかのどれかではないでしょうか。

私は誰にも機会はやってくるものだと思います。

私が話を聞いた20人の中にも、その時には本人としては何だかよくわからなかったというのですが、機会を有効に活用した人が多くいます。目の前に機会がやってきたので、リスクや心配はあったがやってみたらこんなことが起こったという言い方をする人が多く見られました。この機会は本当に良いものなのか、自分のキャリア・ビジョンと整合しているのか、などとあまり「分析的」に考えず、直感的に「これはよさそう！」と思ったら試してみてはいかがでしょうか。

その時のアプローチとして、仮にまずやってみるという「イエス」の意思決定をしたとして、どんなリスクがあるのか、何が心配か、懸念材料は何か、などを考えてみることをお勧めします。新しい世界、新しい仕事、新しい地域には常に不確定要素があります。それなりの心配や懸念もあって当然です。問題は今まで経験しなかったからというだけで、不確定要素を過大視し、試してみる前から腰が引けてしまうことです。心配や懸念、不確定要素は考えられるだけ明らかにして、その解決案、心配や懸念の背景や原因をはっきりさせてみようとすればよいのです。

心配や懸念があっても、要するに自分のプライドの問題であることがわかったり（新しいことを試して失敗したら、恥ずかしい、皆に合わせる顔がないなど）、知らないだけでリスクを過大視してしまっていることもあります。知識を増すために情報を集めたり、その分野をよく知る人に直接会って、皆さんが感じている懸念について聞けば、それまで心配していたことが意外な思いこみだったとわかることもあります。また新しいことをしないからといってリスクがないわけではなく、今やっていることにもリスクがある、両者をはかりにかけたら、現状を続ける方がリスクが高いということがわかることもあります。

就職した年が氷河期で希望する職種や業界に行くことができなくても、得られた仕事で学べることを探したり、自分のやりたいこととの関連を考えたり、自分のやりたい仕事の機会を常に探して、希望する職種についた人もいます。それまでの経験と組み合わせて、やりたいと思っていた仕事とは違う新しい組み合わせを見出し転職した人もいるように、あなた自身をオープンにしておけば、どこから機会がやってくるか、わかりません。自分では気がつかなかった本当にやりたいことが見つかることもあります。

キャリアのビジョンは持っていたものの、それほどはっきりしていなかった。でも仕事をしている間に自分の特技やそれがフィットしそうな分野がだんだんわかってきた。機会をとらえて転職をしたり、留学をしたり、専門学校にいったり、機会を広く求めているうちに、しだいに自分らしいユニークな組み合わせ、それが活用できそうな仕事や業界を見つけ出していると いう人もかなりいます。

やりたい仕事のイメージがわかない中、面接した人や会社の雰囲気が合うような気がして就職をする、それほど積極的な働きかけでなくても、仕事をしているうちに会社の人に影響されたり、その仕事の面白さを見つけたり、そこから新しい就職への道が開かれたりということもあります。

機会をつかまない理由、何も行動を起こさない理由という言い訳リストは誰でもすぐできます。「やらない」理由が心に浮かんだら、「言い訳リストは悪魔のささやき」と考えて魂を売ってはならない、どうしたらできるのか、と考えるきっかけにしてはいかがでしょうか。機会は一度逃してしまうと二度と来ない、時は過ぎ去ると二度と帰ってこないことを心にとどめておくのがよいと思います。

また新しい可能性を試す機会が与えられても、自分には別に好きなことや好きな場所（企業も場所も）があるから、現状でよいという人も時々います。いくら今の状況がよいからといって他の可能性に見向きもしない、話を聞こうともしないというのでは、世界があまりにも狭くなって、自分を箱庭に閉じ込めてしまうと思います。世界はオープン化しており、場所や時間、組織から解放される可能性が開かれているのです。そして、それを手に入れるのは皆さんの心がまえ次第だと思います。

常に自分を磨く

最初から完璧を期さない

若い世代の中には、子供の時から日本は経済も政治も社会も停滞、衰退の一途をたどっていて暗い話ばかりを聞いてきたから、これから先良いことが起こるとは思えない、日本にも自分にも自信が持てないという人も見られます。努力をしても報われない、それならギラギラせずにゆっくりやった方が良いのではないか、と考えている人に会うこともあります。

しかし、暗い話ばかりだからこれから先もずっと暗い、だから何もしない、というのは、これまでの傾向が今後もずっと続く、そして自分にはそれを変える力がない、とゲームをする前から降りてしまっているように見えます。

せっかく個人への力のシフトが起こりつつあり、これまでのしがらみや制限から解放される時代になっているのに、それではあまりにも受け身の人生でつまらないのではないでしょうか。自ら働きかければ限りない可能性が開かれている、それも今までにないようなスピードで進んでいるのが21世紀の世界だと思います。世界で毎日オープン化されている知識資産を求めて、ウェブで学ぶ姿勢を持つなど、あなた自身がその気になれば、自分を磨く機会や手段は無限に開かれているのです。

というとあまりにも膨大な可能性が開かれており、スピードが速くなっているため、かえって圧倒されてしまい、どこから始めたらよいか、わからない。常に自分より優れた人たち、もっとできる人たちが世界にいることがわかって、プレッシャーを感じてしまい、自分では到底対抗できない、という気持ちになってしまうかもしれません。ここでお勧めしたいのがバージョン・アップの考え方です。

自分のプロフィールは常に進化させるものです。大学を出た時から知識・技術・能力が変化していない、というのでは、何をしてきたのか、と疑われます。学歴は20代初めのある一時点での結果に過ぎないわけですから、常に自分の知識や能力、技術をある程度の頻度で見直し、更新する必要があります。21世紀は変化のスピードが速く、企業もイノベーションを継続しなければ、あっという間に地位を失ってしまいます。個人も同様に常にバージョン・アップ、見直し、新しい分野への働きかけが不可欠です。

機会をとらえてバージョン・アップするという考え方の背景には、必ずしも最初から完璧を期さない姿勢があります。常に仕掛品（Work in Process）であって、完成品ではない、完璧になってから事を始めようというのではなく、ある程度までできたら、世の中にそれを問い、いろいろなコメントやクレームを聞いて、さらによくしていこうということなのです。だからといって、「いい加減でよい」という意味ではありません。スピード感が今までとは違い、世界が統合化され、あっという間に世界のどこかで起こった出来事が世界中に波及する時代にあっては、時間がかかっても完璧を期そうというやり方では時期を失してしまい、かえって逆効果になってしまうことがよくあるからです。

あなた自身のバージョン・アップとは、スピード感覚を持とう、同時に自分なりの品質基準を持とうという考え方なのです。100％を目指そうとすると、最後の20％くらいに膨大なエネルギーや努力が必要な課題はたくさんあります。またやってみなければ成功するかわからない、考えているうちに状況が刻々と変わってしまい、出来上がった時には時すでに遅しという計画もよく見られます。

スピードが鍵となっている21世紀には、だいたいこれでよさそうという80％程度のところで行動し、状況や反応、効果を見ながら、どんどん改善していく、修正していくというアプローチがよく、これをバージョン・アップとよんでいるのです。

自分自身の力を固定的に考えず、常によりよくすることができる、新しい組み合わせが見つけられると信じて、今まで知らなかった分野、知らなかった人たち、知らなかった土地で自分の力を問い、それに磨きをかけていこうというアプローチです。自分なりの品質基準を持ち、自身で常にハードルを高くしていくことが、自分のバージョン・アップであり、そうした自分の姿勢と力を信じることが自信につながるのだと思います。

身近な活動からすぐ始める

では、常に自分を磨くために何をしたらよいのでしょうか。毎日生活していく中で、身近な活動にする、身近なものを活用することです。皆さんの中でも語学を学ぼうとDVDを買ったり、体力をつけるためにスポーツクラブに入ったりした経験を持つ方も多いでしょう。こうした方法を否定するわけではありませんが、身近なものから始める、すぐそばにあるものを活用することが、すぐやる、大げさにしないという点でもコツだと思います。

新しいことをするために、すべて準備してから始めるのではなく、その辺にあるものから始めるのです。

たとえば、体力をつけるため、時差に強い習慣にするために、朝ぎりぎりの時間まで寝ていたのを改めて、朝早く起き、早い時間帯に職場の一駅前で降りて歩くというのもそのひとつです。これなら皆さんが「その気」にさえなれば、明日から始められます。夜10時から朝2時までの間の睡眠が一番有効という調査結果もあるようですから、良質の睡眠をとるという点でもよいし、早い時間帯ならラッシュ・アワーの混雑も避けられるし、歩くことによって体力もつくと、一石三鳥くらいの効果がありそうです。このアプローチとスポーツクラブに入ることを比べたら、身近なこと、投資が必要でないだけでもこの方法がよさそうだと理解していただけるでしょう。

あるいは、電車やバスの中や駅でも、中吊りに出ている雑誌の記事の見出しを使って、「頭の体操」をすることができます。ビジネス雑誌には、何か特集記事がありますし、脚光を浴びている企業の記事の見出しを見られます。特集でも企業でも、見出しから課題をつくって、それについて、自分だったらどうするか、どんな仮説が考えられるか、どんな解決案があるか、それをどうやって検証するかなどを考えるのです。

たとえば、バレンタイン・デーや母の日などイベントに関する広告や記事を見ることも多いでしょう。いずれも節分、端午の節句のように日本に古くからあった行事ではないので、なぜこうしたイベントに対する関心が高まったのか、その背後にはどんな活動があったのか、もし自分が何かイベントを考えるとしたら、何にするか、それはなぜか。どのようにしてイベントを多くの人に知ってもらい、各種の活動全体（チョコレートのギフト、追加のホワイトデーや父の日の積極的PRなど）をどうプロデュースするか、誰に協働してもらうか、などを考えることができます。ただぼんやり広告を見ているだけでなく、活動を他の分野に展開できるか、それはなぜか、どのように展開するか、まで考えてみるのです。

通勤や通学の途中でもできることはたくさんあります。まず簡単なのは、ルーティンを避けることです。生活パターン自体を多様にするように心がけるのです。毎日同じ時間、同じルートで通うのではなく、週ごとに違うルートを試してみたり、少し早く家を出て、いつもの時間帯と周囲の状況が違うか、を探るのです。携帯でルートを検索するというパターンをあえて変えてみるのです。

通常より1時間早く出ると電車に乗っている人が違う（小学生、中学生が多い、子供と父親の組み合わせが多いなど）、活動が違う（寝ている人が多い、新聞を読む人が多い、iPodで何か聴いている人が多いなど）といったことを観察して、なぜそうなのか、その意味合いは何かを考えるのです。たとえば子どもを対象にした新商品を短時間で広く知らせるためには、どんな手段をとるのがよさそうか、いろいろなオプションを考えることもひとつの方法です。

このような練習は、電車の中でも駅で見た新聞の見出しからでも簡単にできます。課題をどうとらえるか、どのような考え方をするか、自分が当事者になったらどう判断するか、同じようなことが起こっている分野はどこか、など縦横無尽に課題を設定して、頭の体操ができるのです。これも身近な材料を使って、今日からできることのひとつです。

アンテナを立てておく

ＩＣＴが進展したため、今や手に入れられる情報は膨大です。むやみにフォローしようとしてもどこからどう手をつけたらよいのかわかりません。しかし、何か自分で課題を決めておくと、情報の洪水の中で、整理し、解釈し、判断する力をつけることができます。

私たちは皆、関心のあることに関する情報には目が効きますし、課題がわかっているので、情報の意味も判断できます。たとえば、皆さんがパソコンを買おう、自転車を買おうと思っている時、パソコンやそれに似た製品、自転車関係のニュースや報道に目が行くのと同じです。どんな基準で製品タイプやブランドを決めるか自分で考えているので、それを使って情報を整理、分析できますし、新しい情報に触れた場合は、基準自体を見直すことにもなります。結婚式が近い人は、結婚式場のニュースや情報だけでなく、世界から発信される新しい結婚式のやり方などの情報にも敏感で、すぐ見つけます。

キャリアに関連するテーマとしては、皆さんの関心がある業界、職種、企業、人などを皆さんの頭の中でアンテナを立てておけば、それに関する情報に目が行きますし、整理する手段を考えておけば、その情報を用いて判断したり、意見を発信したりすることができるようになるのです。

毎朝（か毎晩）、必ず自分のパソコンに向かって、自分の関心のあること、組織、人などについて情報の検索をしたり、ニュースを見たりする人は多いと思います。皆さんがすでにやっている身近な活動を少し工夫して、自分なりの判断をする機会として使うのです。この方法は簡単なので、すぐ試すことができるし、続けていけば、あることに関する見解や意見、見方の違いなどにも触れることができるので、自分なりに意見を練り上げる練習にもなります。

裏をとる、オリジナル・現場に迫る

これだけインターネットが発達すると、自ら情報を取りに行こう、自分の意見を世界に問いたい、同じような関心を持っている人を見つけて何らかの行動をしたい、と考える人には、膨大な可能性が開かれていることは、皆さんにも想像がつくでしょう。情報技術は、個人を解放し、個人を自由にし、個人に大きな力を提供する手段だからです。

しかし一方、ある事柄について検索すると世界から膨大な情報が得られ、圧倒されてしまうと感じている人もいるでしょう。中東や北アフリカの紛争や地球温暖化などの世界の課題にはいろいろな見方があり、議論が百出しているので、どれを信じたらよいのか、どのように考えたらよいのかわからなくなって、限られた日本語の新聞やテレビだけに頼って、そもそも情報を集めようという気持ちを失ってしまうかもしれません。

英語力がなく、英語を読んだり聞いたりするのは難しいから外国の情報は受け付けない、日本語だけでよいと考えてしまうかもしれません。また北アフリカで起こっていることは私とは関係ない、と傍観者になったり、オーストラリアに洪水があっても自分にできることは何もない、とあきらめてしまうかもしれません。

私がお勧めするのは、記事を見たら、本当にそうか、と裏をとろうとすること、現場やオリジナルの状況を知ろうとすることです。

たとえば、日本企業の多くが人材をグローバル化しているという記事を見たとしたら、人材のグローバル化とは具体的に何を指しているのか、グローバル人材を求めているという主張が定量的に検証されているのか、グローバル人材は実際に今まで企業に採用され、残っているのか、などが検証されているか、を調べてみるのです。

実際のその場で見ているのとメディアでの報道がまったく違うという経験は、スポーツの報道について皆さんも思い当たることがあるでしょう。メディアの報道だけを信用してよいのか、と疑問を持つことです。

海外における日本の政治家や企業のリーダーの講演や活動についても、実際にその場にいてみた状況と異なった報道のされ方をすることがよくあります。日本では、総理の講演は海外でまったく受けなかったという報道一色なのに、実はその場にいるとかなり評価されていることもありますし、極端な場合は、日本企業が海外で大きなイベントを主催して大きく評価されたことが、日本のメディアに一切出ないということもあります。

各種の報告書についても同様です。たとえば「新成長戦略」など報告書や計画について論じている社説やコラムを読んでいると、メディアによって解釈や評価がまったく違うことがあります。これだけ情報技術が進んでおり、実際にビデオや報告書をネットで見ることができるのですから、オリジナルに迫り、自ら評価することが不可欠です。

複数の情報源を持つことも必要です。あれかこれか（ＯＲ）とひとつだけを選ぶのではなく、あれもこれも（ＡＮＤ）と複数の観点、複数の情報源からひとつの事柄を見てみるのです。唯一の情報源ではなく、多様な情報源を試してみます。限られたメディアだけを情報源としていると、どれだけ違ったかたちで報道されているか、の違いや幅を知らず、その情報源だけを鵜呑みにしてしまうからです。

たとえば、２００９年にコペンハーゲンで開かれた気候変動に関する会議ＣＯＰ15に関するいくつかの記事を読むと、いかに解釈が違うか、どれだけ多様な意見、見解があるか、が明らかです。

オリジナルに迫る、複数の情報源をというとＩＴスキルが足りない、英語力がない、それだけの時間がない、などいくつもの言い訳がすぐ考えられそうですが、面倒だといって手をつけないといつまでたっても、膨大な情報、世界にある知識資産のメリットを得られず、多極化しつつある世界のトレンドを体感できません。しかし今日からすぐ始めれば、世界の「オープン化」を皆さんのために活用することができるのです。

自分の意見を持つ、表現する機会を創る

日本の若い世代と接触すると、アジアも含めて世界の若い世代に比べて、なかなか自分の意見を述べる習慣がない、質問がなかなか出ないと感じることが多々あります。それは子どもの時から意見を聞かれたことがない、表現する場がないことが大きな原因だと思います。小さな子どもにも「選択するのはあなただから、どれがよいか」と両親や先生が聞く社会、「あなたはどう思うか」が常に問われる欧米などと違って、はっきり意見を言うと生意気だとか、上司や年長者と違った意見を述べると「経験がないのに」、とか、「権威に挑戦する」とか「個人攻撃」ととらえられることもあります。

しかし情報通信技術、という個人を解放し、個人が発信できる手段がこれだけ力を持っている中で、自分の意見を持たないわけにはいきません。そうでないとこの民主的手段を活用して個人への力のシフトを最大限いかすことができないからです。日本にいる限り、あまりそうした機会が得られないとすると、どうしたらよいのでしょうか。私は、自分の意見を常に持つ、そしてそれを表現する場を自分なりにつくって練習することをお勧めします。

社説やいろいろな分野のエキスパートの書くエッセイなど主張やメッセージのあるものを探し、それを自分なりに要約し、それに対して賛成か反対か、その理由とともに説明する練習が効果的です。また映画、ビデオ、演劇などが好きか嫌いか、ある商品を使っているか、そうでないか、それはなぜか、などを簡潔にまとめる練習をしてもよいでしょう。この練習は最初のハードルを低く、5分程度とごく短い時間で説明するような簡単な練習から始めるのがよいと思います。そうすれば、気軽にできるので、一日おきくらいに試してみることができます。これまで訓練を受けていないので、試す頻度が大切なのです。

また、ある程度のメリハリが必要なので、週単位でまとめることもひとつの方法です。たとえばほぼ毎日通勤・通学の時に英語のニュースのポッドキャストを聞く、社説を読むことにします。1週間たったらその1週間に聞いたり読んだりしたニュースのどれかについて、自分の意見をまとめてみます。自分はあるテーマについては賛成か反対か、それはなぜか、という理由を5分程度でまとめる練習をします。

まず結論（賛成か反対か）を決めてしまい、その理由をリストにします。それぞれについて事例が考えられればそれも入れたらよいと思います。そこで終わらず、それを実際声に出して説明するのです。心で思っているだけでなく、実際にメディアに意見を聞かれた、町を歩いていたら、突然インタビューされたと仮定して、自分の主張をいってみるのです。

この練習は日本語だけでなく、英語でも試してみると英語力がつきます。まずニュースや意見に対する感度が高まって常に考えるようになること、それについて自分の意見を持つことがルーティンになること、そしてそれをロジカルにわかりやすくまとめて表現する訓練になるからです。

毎日これをしようとすると負担が大きくなりすぎるので、週末に時間の余裕がある時に試してみるとよいと思います。

親しい友人がいたら、グループでこうした練習をするのも非常に効果的です。こうしておけば、世界に自分の意見を発信する、意見を同じくする人とネットを通じて連携する、意見が違う人と議論を戦わせることができるようになりますから。

誰でもできることをやる

ここまで紹介した活動は、誰でもどこにいてもできることです。海外に留学しなくては何も始まらない、大学院に行かないとだめ、正社員でないとしっかりした教育・訓練が受けられない、ということではありません。誰でも「その気」にさえなれば、すぐ始められることです。

それではなぜ簡単で身近なことが「誰でもできる」ことにならないのでしょうか。それは、計画ばかりしていて実行に移さない、やりたいことがいろいろありすぎて優先順位が決められず、どこから手をつけてよいかわからない、目標を高くしすぎて挫折し、三日坊主になってしまう、などという理由によるものだと思います。

学生時代に勉強しようという計画は立てたけれども、計画を立てたことでやったと勘違いしてしまい、実行できなかった経験を持つ人もいるでしょう。「計画は計画」でしかなく、実行しなければ意味がありません。「変化が日常」の最近では特に、計画は大まかでよく、まず実行してそれからまた計画を見直せばよいのです。

あまりに綿密な計画を立ててしまうと、計画を作るのにエネルギーを使いすぎてしまい（企業でも全社で中期経営計画を作ったが、できたものは大事にしまってあって、フォローや見直しがされていないことは時々あります）、肝心な実行をする前に疲れてしまうことがあります。「計画は実行してこそ意義がある」という当たり前のことを思い出して、計画はざっと作り、すぐ始めることをお勧めします。

やりたいこと、やるべきことのリストは作ったけれど、あまりに多すぎて、どこから手をつけてよいかわからない、優先順位が決まらないで考えているうちに、元の目標や何をやろうとしていたのかを忘れてしまうこともあります。はじめのうちは、膨大なリストを作ったりしないで、明らかに必要と思われること、身近ですぐ手をつけられることから始めるのがよいと思います。

こうした活動は「始める」までが最大のハードルなので、始めてしまえばある程度モメンタムが働き、続ける心の準備ができます。始めてみたら、意外に簡単にできたり、考えていたより時間に余裕があってさらにいろいろな活動ができることもあります。そこで活動を増やせばよいわけです。目標を達成するためにどんな知識や技術が必要か、その中で何を最初にするか、それはなぜか、どんな順序が一番よいか、などを厳密に考えて詳細な計画を立てるという「分析的な」アプローチは実際的でないので、私はお勧めしません。

何となくそれが必要に思えるとか、あこがれている人がやっているからとか、大した理由でなくても、何しろ始めることが大事だと思います。なぜこんなことを始めたのか忘れてしまっても、活動自体が好きで上達してくれれば、必ずどこかでそれが役に立つことがあると思います。2005年に、スタンフォード大学の卒業式でアップル創業者のスティーブ・ジョブズがいった「興味を感じることをやってきて、後から振り返ってみたら、点がつながっていることが多いのだから、最初から点をつなげることばかり考えない、小賢しくならない」ということです。

目標を高く掲げすぎて、最初から挫折を予想しているのではないかと思われる人もいます。無意識だとは思いますが、どうして今までの生活や活動とまったくかけ離れた目標や計画を立てるのか、と思う人にも時々遭遇します。

たとえば今まで運動をする習慣や英語を聞く習慣がないのに、1週間に7日間毎日ジムに通う、ジョギングをする、英語のポッドキャストを聞くなどという計画を立てても、希望や意欲に燃えている最初の数週間くらいはできるかもしれませんが、長続きするとは思えません。また効率的すぎる計画も実践はむずかしい。毎日何かをしようという計画はだいたい非現実的で挫折することが多いので、休日をとっておく方が現実的です。

矛盾しているように思われるかもしれませんが、毎日の生活に少しでも新しい活動や作業を加えよう、生活パターンを変えようとする場合、肩の力を抜いて始めることがとても大切です。目標とするキャリアやライフスタイルを実現するために明日から生活を一変しようと大げさにしてしまうと、そのプレッシャー自体に負けてしまうことがよくあるからです。

ダイエットと同じで、それまでの食生活とまったく異なった健康的な食事、かなり限定されたものしか食べないダイエットをしようとすると、そもそも食生活を変える前にハードルの高さに圧倒されてしまい、挫折してしまう。ある期間は何とか耐えてもリバウンドしてしまうことはよく知られています。

同じように、あまり肩に力が入って、「明日から（来週から）×××をしよう」とすると、明日になる前に挫折してしまうこともあります。だから今すぐできることを始めて、勢いをつける方がよいと思うのです。

継続は力、続けることが大事

計画どおりにできなくてもあきらめない

今日からすぐ始める、身近なところから始める、誰でもできることを大げさにしないでやる、と説明してきましたが、私が日々の生活で一番強調したいことは、「続けること」です。ここまで紹介してきたコツはいかに長く続けられるようにするか、に直結しています。誰でも身近で簡単にできることにしておけば、続けるために膨大なエネルギーを使わなくてすみます。すぐ始めれば最初のハードルが低いので、きっかけができるし、少し休んでもまた始めることができます。

といっても、続けることはなかなか難しいのは、皆さんも経験されていることでしょう。新しいプロジェクトのメンバーになった、家族が病気になった、異動があった、引っ越しをした、などいろいろな理由で計画していたことができなくなってしまうことはよくあります。最初から非現実的で無理な計画を立てないように、大げさにしない、身近ですぐできることから、などといってきましたが、ある程度時間が経った時点で仕事やプライベートで「予想もしなかった出来事」や「事件」が起こり、活動を続けるのが数日間、数週間、数カ月間、困難になることもあります。予想外の出来事や事件が起こるのは当たり前なので、そのためにキャリアのための活動が数日できなくてもがっかりしない、そしてあきらめないことが大事です。

あまりに精密な計画を立ててしまったり、几帳面な（あるいは自分は怠け者だと思っている）性格なため、1日でも予定した活動ができないと、あきらめてしまう人がいます。大事なのは、数日できなくても、また心新たに始めることです。1日や2日はこれからの人生を考えればとるに足らないものです。ここで2日損したから全部だめというのではなく、また新たに始めればよいのです。一度手に入れたモメンタムが戻ってくるまで気を取り直してやり始めるのです。

といっても「事件」が大きすぎて、数日間活動を停止するだけではすまないこともあります。仕事における異動、家族の病気、自分自身の体調不良などです。活動を一時停止するとか、頻度を少なくするなど、大幅な修正が必要な場合は、新しい状況がどの程度の負荷になるのか、をざっと予想して、計画を変えます。

大事なのは、ざっと状況を判断して、計画を変えたことが「自分の判断」であり、意思決定であると心に刻むことです。予定どおり活動をしたいが、実際には時間も余裕もなくてできない、という状態が続くと、新しい問題に対しても集中できず、予定が達成できないという罪悪感が残って、精神的によくありません。新しい状況なのだから前に立てた予定どおりにできなくてもかまわない、修正すればよい、また状況がよくなったら始めればよい、と必ず「自分で」心に決めることです。自分が予定や計画を変えた本人だ、これは自分の意思決定なのだという ことを自覚することが大切です。そうでないと、新しい負荷をもたらした会社、上司、仲間、家族、友人などを恨む気持ちが残ってしまうからです。繰り返しますが、「活動の主役」はあなたなのですから。

状況がもっと厳しく、経済的にも時間的にもどうにもならないと感じる出来事が起こることもあります。自分の手に負えない、周囲で起こっていることが自分と別世界のように思われて、自分は何も手を出せずに傍観者として呆然とその状況を見ているような気がする時もあります。これは初期の「うつ」の状態に近いので、専門家の助けを借りるべきでしょう。問題が錯綜して、整理できないことが多く、頭の中で問題がただぐるぐる回っているような状況の場合です。専門家の助けを借りて、大きな課題が自分なりに判断でき、解決案のきっかけができるまでは、キャリアのための活動は棚上げにしてしまった方がよいでしょう。

進み具合を「見える化」する

毎日の地道な活動を続けるためにもっとも良い方法は、自分で進み具合が見える、成果が見える、と感じるように「見える化」することです。明らかに英語や数字を使う力がついている、

ＩＴやバイオの知識が増えている、ニュースになっている各種の問題を多面的に考え、核心をつかむのが速くなった、自分の仕事に関連することでも多数の解決案から良いものが選べるようになったなど、手ごたえが感じられると、やる気が出て、活動を続ける大きなインセンティブになります。

進捗を自分で自覚できるようにするためには、自分なりに目標を決めたり、一定期間ごとに棚卸をすることが有効です。自分なりの目標には、資格をとる、毎月××冊の○○に関する本を読む、××人の専門家に会う、セミナーに××度参加して必ず質問する、交流会で発言するなど、それぞれに合わせたやり方を考えるとよいでしょう。コースに登録してしまう、クラブに入るなど、自腹を切って投資をしてしまうのも、何としても「もと（リターン）」をとろうという人にはお勧めです。同じような活動をしている友人や仲間を引き込んだり、一緒に目標を決めて、相互チェックして進み具合が見えるようにするのも効果的です。

棚卸は、年末、誕生日、半年に一度の長い休みを活用するなど、頻度を決めて、そこまでにやってきた活動をレビューするのが良い方法です。自分がそれぞれの活動に使ったおよその時間を記録しておき、その期間内にやりとげた活動（会議の参加、原稿やブログ、発表会など）を書きだして、自分なりに評価するのも有効です。

自分がどんな活動にどの程度の時間を使っているか、をきちんと把握している人はそれほどいないのではないでしょうか。就業時間は決まっているといっても、それ以外の自分の時間をどう使っているか、週単位、月単位、年単位などざっと記録してみることをお勧めします。

まず自由になる時間をどう使っているか、から始め、就業時間中もどんな種類の活動（たとえば会議、お客様に会う、移動など）に時間を使っているかを記録してみるとよいでしょう。そうすることによって、あまり意味のない活動をやめたり、仕事の密度を高くして短時間ですませるようにしたり、という前進への一歩が踏み出せます。毎日食べたものを記録するだけでも体重が減ったりすること、お金の出し入れを記録するだけで無駄遣いが減ったりすることと同様です。

またある程度の期間、時間記録を続けると、自分が朝型か夜型か（朝の方が頭がさえている、夜にならないと考えがまとまらないなど）、考えてアウトプットが出せる生産性が高い時間帯はいつごろなのかがわかり、××ページ程度のレポートを書くなど、ある種類の仕事をするために必要な時間はどれくらいか、という目安ができるようになります。

就業時間内は、会議や突然上司にレポートを依頼されるなど、時間の使い方を自由に決められないことも多いですが、朝と夜という自分の自由になる時間を最大限うまく使うためには、自分に合うスタイルを知っておく必要があります。

ワタミ・グループの渡邉美樹氏の手帳アプローチ、小澤征爾氏や梅田望夫氏の早朝勉強法なども参考になるでしょう。月単位、年単位で仕事によって忙しい時期がある場合も、前もってそれを考えて計画できるようになります。指揮者のレナード・バーンスタインが一年をいくつかの時期に区切って、秋から春までは演奏活動、夏は作曲とメリハリをつけていたことはよく知られています。年間を通じたメリハリとまでは行かなくても、年度末、四半期末が忙しい仕事など、ある程度のパターンがわかると、それに合わせて自分の予定を作っておくことができるようになります。自分の活動と成果の両者を「見える化」するわけです。

挫折にどう対応するか

進捗をモニターしたところ、思うような成果が出ていないということもあります。英語力をつけようと学校に通っているが力がついていない、論理的な考え方のコースに参加しているが、相変わらずレポートには、「議論が飛躍している」、「つながりがわからない」というコメントが来る、経理のコースをとっているが、どうも自分には向いていないようで意欲もわかないし、成果も出ない、プログラミングを学ぼうとしているが、どうやってもコツがわからない……などと、自分自身で感じることもあります。資格取得を目標として準備しているが、何度やっても不合格が続くなど、客観的に成果がないことがはっきり見えて自信を失ってしまうこともあります。キャリアに直結している問題としては、新しい仕事を求めて中途入社のための試験を受けたが不合格だった、面接まではいくが何度挑戦しても面接で不合格になってしまうなどということも、努力を続ける中で、かなりの打撃になります。

挫折は誰にでもあり、今大活躍している人やその分野の第一人者といわれている人でも経歴を聞いたり、実際に話をしたりすると、順風満帆という人はほとんどいないようです。志望していた学校に行けなかった、希望していた仕事に就けなかったという人はたくさんいるし、本当にやりたい仕事は今の仕事とは違う、ということもよくあるでしょう。希望していた企業には入ったけれど、やりたい仕事をやらせてもらえない、ということは皆さんも経験していることだと思います。しかし、そうではあっても挫折は挫折なので、そこからどう立ち直るかを考えねばなりません。

私の提案は、挫折したと感じた直後は気分転換を図り、それから、なぜ失敗したのか、やり方が悪かったのか、目標自体が自分に合っていないのか、を解明することです。良い結果が出なかった直後は、もっとこうすればよかったという後悔の念や、認めてくれない周囲の人に怒りを感じていることが多いものです。不合格など明らかな結果は別として、一見悪い評価は当事者には実際以上に悪く見えて、悲観的になってしまうこともよくあります。そこで、すぐ何かを考えるよりも、まず気分転換を図るのがよいと思います。

気分転換のための活動をすると、いくらか気分がすっきりしてきますから、そこでもう一度結果を見直してみるとよいでしょう。なぜうまくいかなかったのか、原因を自分なりに考え、次に同じ失敗を繰り返さないためには何をするか、を一応自分なりにまとめてみるのです。私は、頭の中でやるのではなく、実際に紙に書くか、パソコンに打ち込みます。書くことによって、考えが整理できるし、挫折したことが一応は一段落したという感じが持てるからです。

なぜ目標に達しなかったのか、やり方が悪かったのか、などがわかれば、次はどうしたらよい、というアイディアが出てくるでしょう。成功している人にコツを聞いてみるのもよいかもしれませんし、同じようなことをした人の本などを読むのも、実際に自分がいろいろやってみた後なので、参考になると思います。

ここで忘れてならないのは、元の目標も見直してみることです。本当にこの目標でよかったのか、やり方が悪かっただけなのか、だからやり方を改善すればできるのか、もっと周囲に助けを求めれば何とか実現できたのか、を確認することです。たとえば、この仕事に向いていない、どこまで頑張っても才能が足りなくて目標は達成できないようだ、そうだとすると目標自体を変える必要がないのか、自分で判断するのです。

目標を間違えているかどうか、をチェックするために、私が使っているのは、イグジット・

プラン（Exit Plan）です。期間を決めて、ここまでにこの目標が達成できない場合はすっぱりやめようと前もって決めておくのです。

企業が新規事業を始めた後、成果が出ないのに撤退できず、いつまでも赤字を出し続けてしまい、本体の体力まで失ったり、モラールが下がることがあります。新規事業やイノベーションは失敗することが多いわけですから、いくら「継続は力」といってもこれでは企業自体の基盤が危うくなってしまいます。

このミスを避けるために、イノベーションを奨励する企業の中には、イグジット・プラン（どのように退出するか、Exit Planというと事業を売却するというオプションが考えられることがありますが、この場合は、期間を決めて目標を定め、それが達成できない場合は撤退する決定をしておくという意味です）を前もって立てて進めるところがあります。前もって決めておけば、「もう少し様子を見よう」、「もっと資源を投入したら何とかなるのではないか」などという迷いが出ないで、撤退の意思決定ができるし、関係者がそれに同意するからです。

皆さんも、××までにこの資格がとれなかったら、あきらめよう、今年の暮れまでにこの地位になれなければ、この会社ではやりたい仕事ができそうにないので、転職先を探そうなど、前もって決めておき、それが達成されなかったら、イグジット・プランを実行するのがよいと思います。

「あなた自身が主役」であることを忘れない

就職、キャリア、そしてあなたのライフスタイル、人生はあなた自身が主役になってする意思決定です。わかりきっていることだといわれるかもしれませんが、自分のキャリア、業界、企業、働く場所などを、自分自身で決めずに、周囲に任せてしまう人は意外に多いようです。自分ではそう意識していないとしても、私たちは周囲の期待にこたえよう、周囲の意見を聞いて決めよう、家族に喜んでもらえるような意思決定をしようと思っています。

自分の身近にいて、大事に思っている人の期待を感じ、それにこたえようとすることは悪いことではありません。自分だけで考えていると多面的な観点から考えにくいので、周囲のいろいろな見方や意見を聞くことも大切です。自分がした意思決定が、最大のサポートグループである家族に喜んでもらえれば、うれしいのも自然な心情でしょう。私が皆さんに伝えたいのは、自分がやりたいことがこうした周囲の期待や意見と一致しない場合にどうするか、ということなのです。

本当は、たまたまアルバイトをしたベンチャー企業の創業者にあこがれて、世間的には無名のベンチャー企業に就職したいと思っていても、両親が「そんなところにいって倒産や失業のリスクはないのか」と反対したり、友人から「周りは皆知名度の高いブランド企業に入るのに、そんなところにいって大丈夫なのか」、「就職人気ランキング上位の企業の方がよいのではないか、それだけの実力があるのに残念だ」などといわれることは、皆さんも経験しているかもしれません。

両親や親しい友人など身近な人にこういわれると、心を動かされる若い人は多いと思います。家族や親しい友人がどう見るか、は大事で、猛烈な反対を押し切っていくほどのことではない、だから方針を変えようと思ってしまうことも十分に想像できます。特に景気が悪く、就職氷河期といわれる時期にブランド企業と無名のベンチャーの両方から内定をもらったとしたら、悩むのは当然のことだと思います。

両親、親戚、兄弟など、皆ある大学のある学部出身、商社や銀行、メーカーなど決まった企業や業界に勤めている、医師、教育者、公務員、学者など決まった職種に就いているという家族が時々あります。こうした家族に囲まれていると、レールが敷かれているようで「私の進む道はこれ」と最初から決めてかかっている人も多いようです。女性の場合は、仕事はせずに結婚して家庭に入るというライフスタイルもこのひとつだと思います。

しかし、キャリアや仕事は皆さん自身がこれから多くの時間を過ごすことになる活動であり、自分の能力を伸ばす大事な場でもあります。キャリアや仕事は自分のイメージを左右する重要な項目でもあります。自分の人生にとって大事な意思決定を周囲の思惑で決めてよいのでしょうか。あなた自身が主役なのですから、狭い世界に閉じ込もらない、場所や業界、企業、職種を決めてかからない、周囲のいうことにとらわれて自分の世界を閉じて、固定化してしまわないようにしてほしいと思います。

私は大企業、ブランド企業がだめといっているわけでも、ベンチャーに行くべきだといっているわけでもありません。せっかく皆さんが主役を務めることができる舞台があるのに、舞台の成功を左右する主役の地位を、後ろにいる演出家や観客に渡してしまってよいのか、ということなのです。

就職を決めるのは若い人にとっては大きな意思決定ですから、前にも述べたように、周囲のいろいろな意見を聞くのはとてもよいと思います。企業や業界の現状や将来について多様な見方がある中、いろいろな見解に触れることは多面的な見方、「ORをANDにする」ひとつのアプローチとしても有効です。

しかし、自分がこの仕事、この企業を選んだのだ、ということを自覚して、その意思決定は自分がしたことだと心に刻んでほしいのです。そのためには、実際に自分の目でその会社や業界、トップ、社員、そして商品やサービスも見、聞き、接してみるのが一番です。セミナーでもメディアの報道でもいいし、実際にその企業をよく知っている人のところへ直接訪ねてみるのもよいと思います。

その仕事、その組織にフィットするかどうか、自分自身の実感が持てれば、どんな手段でもかまいません。その時に、自分のなりたいイメージをなるべくビビッドに、ビジュアルな形で考えられる、絵にできるとよいでしょう。誰と、どこで、どんな活動をどうやっているのか、というイメージです。

自分の5年後のこうした絵が描けると、そこからキャリア戦略を展開することができます。皆さん自身がその絵の中でいきいきしているのか、それとも不満を持っていそうか、を考えてもよいですし、ある活動をしている自分が絵になりそうか、そうでないか、やっていけそうか、気後れしているかと考えるのもよいでしょう。

いきいきしている、絵になっている、やっていけそう、希望に燃えている自分の姿がイメージできる、ということならば、それが自分のありたい姿です。その姿を考えると、世界が開かれたような気がするのか、あなたがハッピーで張り切っているイメージがわくのか、ということに尽きると思います。

逆の場合は、もう少し考えた方がよいかもしれません。いわゆる有名企業で周囲は有能な人ばかりというように、外面的な状況がどれだけよくても、その環境の中で、自分がハッピーとは思えない、実力を発揮しているる、能力開発されているとは思えない場合は、自分の内面的なユニークさとその環境が合っているとは思えないからです。

以前、カナダ人のプロゴルフファー（女性40歳）から、かなり大きなトーナメントに出た際、「I belong here」と感じたから、トーナメント・プロとしてやっていこうと思った、というコメントを聞いたことがあります。こうした感覚――やっていけそうか、自分はこの環境にフィットしそうか――はキャリアのビジョンを考える上でもとても大切なことだと思います。

最近世界へ進出するスポーツ選手が多いですが、世界という場に出ていくと、実力が発揮できない人もいれば、当初は圧倒されていても、逆に刺激を受けて、世界でベストな場で戦おう、実力を伸ばそうと考える人もいます。音楽やアートの場でも同じです。誰もがメジャーリーグや世界の場で戦おうとする必要はもちろんありませんが、自分がその場に合いそうか、直感的に見極めるのもひとつのやり方です。

自分で何もかもしようとしない

あなた自身が主役といいましたが、だからといって、個人の「オープン化」とは、自分で何もかもしなくてはならないというわけではありません。周囲と協働できるところは一緒にやる、切磋琢磨するために周囲を活用することをも指します。

そのためには前提となるルール（というか考え方）があると思います。ひとつは自分自身がしっかりしていること、つまり自分の現在の状況をよく知っていることです。自分への信頼、自分の存在意義といってもよいし、ここまで強調してきた自分のユニークさと考えてもよいです。自分には他の人にないユニークさがある、得意技があるということ、そしてそれを評価してくれる人や組織がたとえ数は少なくともいるということに自信が持てれば、それ以外の力は周囲に借りよう、自分のユニークさを生かしてより大きなことをしようという、謙虚で同時に積極的な姿勢が生まれると思います。

「ORをANDにする」と提案していますが、とかく自分か周囲というORで考えてしまいがちではないでしょうか。自分でするというと何もかも自分でしなくてはならない、ほかの人の意見はまったく聞かない。あるいは逆に、自分の意見を持たず、周囲に左右されてしまうという、あれかこれかになってしまうのです。周囲の意見を聞き、多様な見方に触れよう、知ろうとしますが、「決めるのは自分」として、周囲と自分をANDで結ぶことはできないのでしょうか。これも先に述べた「ORをANDにする」ということの一例になると思います。

周囲を活用し、周囲と協働すると同時に競争相手としてもウィン・ウィンとなるプラスサムの場を考える、いろいろな意見や見方を求めるが最終的には自分自身の意思決定と自覚する、行動してまた見直す、その結果から考えて修正する、などのサイクルを繰り返していくことです。

ここまでで、自分と周囲、よく考えることと行動すること、固定的に考えず常に仕掛品としてダイナミックに変貌することなど、あれかこれかではなく、新しい切り口を探すことのメリットがわかっていただけたのではないでしょうか。

PART4では、実際に自分を「オープン化」し、「ユニークさ」を求めて新しい組み合わせを「ORをANDにする」のコンセプトで実践している7人のビジネスプロフェッショナルのキャリアを紹介します。

PART 4

7人の事例に学ぶキャリア戦略シフトの実践法

本書を書くために、20代から40代まで20人近くの方々にそれぞれのキャリアの話を聞きました。私が皆さんの年代だったのははるか昔のことですし、最近のように世界が大変革している時代とはだいぶ状況が違うので、「今」キャリアを磨くまっただ中にある皆さんの世代に近い人の具体的なストーリーを探したからです。

ＰＡＲＴ４ではその中から７人を選び、その方々のキャリアを詳しく追っています。それは、ここまで説明してきた「ＯＲをＡＮＤに」という考え方で自分のユニークさを見つける」、「生計をたてられるキャリアの場を探す」、「そのために外の世界に自らを開く（オープン化）」ということが、どういうことなのか、もうひとつピンとこないのではないか、と思って、皆さんに少しでも具体的なイメージがわくようにと考えたからです。

ＰＡＲＴ４に登場する７人は、いずれも私自身がここ数年仕事や各種の活動を通じて知り合った方々です。そのため、今の20代から40代初めまでの若い世代の「代表的な」人ではなく、かなり偏っていることも確かです。

しかし、自分の目指すキャリア・ビジョンがそれほどはっきりしなかったが、できるところからやっていくうちに、いろいろな世界が開かれた上野佳恵さん、筒井鉄平さん。業界では「確立された企業」に勤めたけれどもいろいろな理由で転職した常盤亜由子さん、大塚雅文さん。

キャリア自体を大きく転換し、興味深い経歴をいかす新しい場を探している佐野睦さん。学生のころから明快なキャリア・ビジョンを持ち、周到なキャリア・プランをたてて、それを実践している中川清彦さん、秋山ゆかりさんと、なるべくバラエティに富んだキャリアの方々、そして、男女、海外での経験もそれぞれ約半々となるように、意識して選びました。

この7人は、皆高学歴、一部は海外留学経験あり、皆何らかのかたちでキャリア戦略シフトをしています。だから、読者の中には、「私とは世界が違う」と思われる方もあるかもしれません。ずっと同じ会社にいても「内なるオープン化」をしてユニークさを見出したというキャリアの事例や、高学歴でなくても興味深いキャリアを持つ人を、というアドバイスもありました。

しかし、本書では、確立された企業の正社員だけが皆さんに開かれたオプションではないこと、仕事をしていくうちに新たな方向を目指したいと考え始めたら仕事を始めて数年たった時点でもそれを実現する道があること、を皆さんに年齢の近い人の事例からご紹介したかったのです。私がかなり頻繁に連絡をとり、詳しい話が聞ける方々に限ったという理由もあります。次の機会には、さらに多様な経歴、キャリアを持つ方々の話を紹介したいと思っています。(そのためのプラットフォームづくりも今考えています。)

7人に共通していることは、思う所がある時に、何らかの「行動」に移していることです。本書で私が強調している広い世界・分野を自ら求めて、いろいろな組み合わせを試し、自分ならではのユニークさを探す姿勢を自ら「実践している」ことを、皆さんに伝えたいと思います。

考えはするが、自ら何らかの行動を起こすことは口でいうほど簡単ではありません。しかし、計画を実行に移さないと世界はひろがっていきません。何度も繰り返していますが、キャリアや人生を決めるのは皆さん自身です。世界は刻々と変化していますし、その気になれば、私が皆さんの年齢だった時には手が届かなかった情報やつながりを、誰でも手にすることができる時代です。

でも待っているだけでは何も始まらない、失敗を恐れていては新しいことは何もできないのです。また一見華やかで常に成功しているような人でも思うようにいかないことや挫折があり、自分なりの方法で道を切り開いていっていることを、7人のストーリーから感じてほしい、皆さん自身が「広く同時に狭い」世界という舞台の主役であることを実感していただきたいと思います。

1 ハイテク技術の進歩とハイタッチという自分の強み

「ユニークな組み合わせ」で「ORからANDへ」を実践

上野佳恵　有限会社インフォナビ代表

1962年生まれ。

1983～1985年津田塾大学在学中に高級スーパー・紀伊國屋でレジ係のアルバイトを3年間経験する。

1985年津田塾大学卒業後、日本能率協会総合研究所マーケティング・データ・バンクに入社。

1988年マッキンゼー・アンド・カンパニーに転職。

1996年マッキンゼー・アンド・カンパニーを退社して、独立。

2001年有限会社インフォナビ設立。


有限会社インフォナビの代表を務める上野佳恵さんは、コンサルティング会社などでリサーチ、情報サービスの専門家としてのキャリアを築き、独立して自分の会社を設立した後も本を出版するなどして活躍の場を広げています。インターネットの発達もあって世の中に情報があふれ、誰もがそれに接することが可能になっている中で、本当に必要な情報、役に立つ情報を集めるにはどうしたらいいのか。上野さんは、検索の方法などハイテク技術の進歩と、クライアントであるビジネスマンそれぞれのニーズを汲みとることができる自分自身のハイタッチの強みとを組み合わせて、独自のスキルに磨きをかけてキャリアを高めている好例といえます。

上野さんが卒業した当時は、男女雇用機会均等法が成立する直前で、就職活動は氷河期といわれるほどひどくはなかったのですが、かなり大変だったようです。最初の仕事として、日本能率協会という非営利組織の関連会社で情報サービスをする日本能率協会総合研究所のマーケティング・データ・バンク（ＭＤＢ）に就職しました。そのころのことを上野さんは、次のように振り返っています。

「レジ係を3年もしていて、仕事はそれでもよいかなと思っていたくらいでした。大学での専攻は国際経済で、卒業論文を書くのにいろいろな資料に当たり『調査』という仕事に興味を持ちましたが、当時は職種を選んで就職することもなかなかできませんでしたし、採用してくれるところがあればどこでも……という気持ちでした。たまたま、『調査』に興味があるといったら知り合いが紹介してくれたのがＭＤＢでした」

上野さんは、ＭＤＢで3年間働いた後、経営コンサルティング会社のマッキンゼー・アンド・カンパニーにコンサルタントのサポートをするスタッフとして転職しました。直接のきっかけはＭＤＢのクライアントでもあるマッキンゼーに勤めていた高校時代の先輩に誘われたそうです。MDBで調査の仕事は一通り覚えたと感じ、この先のキャリアはどうなるのか、と考え始めていた時でした。MDBではクライアントの要望に応じて情報を提供するだけで、情報がどう使われるかはわかりませんでした。そこでクライアント側で仕事をした方がやりがいがありそうという気持ちもありました。またマッキンゼーのリクエストはいつもなかなか難しく、当時最先端のコンサルティング会社として有名だったので、やってみようという気になりました。仕事は大変だろうとは思いましたが、チャレンジしてダメでも何か得られるだろうと思ったそうです。

マッキンゼーでは、世界的にコンサルタントをサポートする、情報サービスというとても能力の高い人たちのグループがあります。上野さんが入社した当時、東京事務所のこの部門はメンバーも3人と少数で、米国などに比べると、情報サービス部門の価値が本当に認識されてはいませんでした。しかし、1980年代は日本経済も脚光を浴びており、海外のマッキンゼー事務所からの日本に関する情報サービスのリクエストも高くなる中、90年代に入ると、情報サービス部門が拡大されることになりました。その時に、部門のリーダーが必要となり、上野さんがその役割をすることになったのです。上野さんはこの経験について以下のように語っています。

「マッキンゼーで情報サービス部門のリーダーになったことは、私のキャリアの点から大きなインパクトがありました。情報サービスやリサーチの仕事とは何かということを新たに定義し直さなくてはならなかったからです。情報サービス部門を拡大するにあたり、メンバーも増やさなくてはならず、体制も今までのようにインフォーマルに続けるわけにはいきませんでした。そこで、それまでは、サポートのように考えられていた情報サービスやリサーチをプロフェショナルとして考えるようになりました。プロフェッショナルとして仕事ができる可能性を発見したわけです。

特にコンサルティング業務は『今日中に』とか『明日までに××を調べてほしい』と常に時間へのプレッシャーがありますから、その中で、いかにしたら、情報のプロフェッショナルとしてコンサルタントをサポートすることができるか、情報サービスの意義とは何かを実感することになりました。

それまでは自分なりにやっていた情報の価値と時間も含めたコストとのバランスをとって仕事を進めていくこと、どうしたらそれを実現できるか、そしてそれを新しいメンバーに伝えて組織の力にできるか、などを考えるようになりました」

上野さんは8年間マッキンゼーで情報サービス部門のリーダーを務めた後、独立しました。

私は上野さんが情報サービス部門のリーダーになる前から、上野さんのことを知っていました。マッキンゼーには、仕事上の評価とは切り離したかたちで、若い人たちのさまざまな相談に応えるメンター制度があり、私が上野さんのメンターだったのです。

私が1992年にマッキンゼーを退社してからしばらくして、上野さんも独立することになりました。私自身、上野さんのように、専門的な知識やスキル、そして経験のある人は、独立して専門プロフェショナルとして仕事をする方が、組織に属しているよりも、ビジネスの可能性は広がるし、自由度も高まると思っていたため、独立したと聞いて、とてもうれしく思ったことを覚えています。

マッキンゼーでは世界的にもですが、東京でも退社する（卒業という言い方をします）人が多く、同窓会も数百人単位がメーリング・リストなどで連絡をとっています。プロフェッショナルが集まっている組織なので、会社を変える、仕事を変えるのは当たり前と皆が思っているわけです。

上野さんがマッキンゼーを退職したのは、上野さんの実力を知るマッキンゼーの「卒業生」から各種の問い合わせが来るので、情報サービスはビジネスになるのではないか、と考えたからでした。また、コンサルティング会社では時々あることですが、体調を崩し、働き過ぎではないかと感じ、組織のマネジメントという立場に少々疲れていたからでもありました。

当時は、ちょうどインターネットが普及し始めたころで、情報サービスの仕事ができるプロフェッショナルが不足していたため、マッキンゼーの元同僚など上野さんの実力を知る人からプロジェクトベースでの仕事でかなりの数の引き合いが来て、独立してすぐの上野さんの仕事はかなり安定していました。

「独立した後、仕事は順調でした。以前に比べて、自分でスケジュールを立てられるので、その点ではだいぶ楽でした。もちろん急ぎの仕事というのはいつもありますから、真夜中まで仕事をする、ということもありましたが……。一方、人を雇うということはまったく考えていませんでした。自分で自由にやりたいというのが独立した理由でしたし、その先、どの程度仕事があるかもわかりませんでしたので」

こうして、上野さんは、独立後も一人でニッチの情報サービスのビジネスを数年行いました。しかし2000年代半ば、景気の悪化によって、費用節減のために上野さんのような外部のサービスを使うのではなく、社内でやろうとする顧客側の傾向が強くなって、顧客ベースが縮小し始めました。またそれまでは顧客として直接接触していたマッキンゼー時代の同僚の年齢や地位が上がり、直接のクライアントではなくなってきたこともビジネスの将来にとって気になることでした。インターネットの検索エンジンが整備され、誰でも情報の検索ができるようになってきたことも大きな変化でした。

こうした状況の中で、今までのようにニッチでインフォナビという仕事を続けていけるのか、と懸念するようになり、特に、２００８年以降、仕事の展望に不確定要素がさらに多くなってきました。そのころ、上野さんは、本の出版という、ひとつの転機となるチャレンジをします。

「一人でビジネスをしていたので、外とのネットワークは多く、それが顧客ベースの基本でした。仕事で知り合ったそのなかの一人から『本を出したらどうか』といわれ、出版社の編集担当者に紹介していただいたのは、２００６年のことでした。仕事をするかたわら、少しずつ原稿を書いてはいたのですが、仕事に追われる中で、なかなか原稿がはかどりませんでした。明快なメッセージ、ユニークさが不足していて、本を出すことはのびのびになっていました。

しかし、２００８年のリーマンショックのころから、いよいよこのままでは将来がないのではと危機感を持つようになりました。そこで、それまで後回しにしていた書籍の出版を目指して、また原稿に取りかかりました。何とか本を出して、新しいキャリアの可能性を探ろうと思ったのです」

こうして2009年3月に、『情報調査力のプロフェッショナル』(ダイヤモンド社)を出版しました。インターネット上に膨大な情報が氾濫するようになる中、情報の使い方はどうあるべきか。情報リテラシーをどう強化したらいいのか。この本のテーマは、時代のニーズに合っていて、情報がさらに重要性を増す中、21世紀の広い視点から情報サービスの意義を考えるものでした。世界レベルで情報が誰でもアクセスできるようになる中、問題解決のための情報とは何か、どのように考えるか、どのように集めるか、分析するかなど、上野さんの実際の経験をもとにして事例を多く例示しています。

この本の効果について、上野さんは、以下のように語っています。

「検索エンジンを使えば誰でも情報を得られる今のような時代には、なぜ情報を集めるのか、集めた情報をどうするのか……などが、とても大事になります。そのあたりは企業でもあまり考えられておらず、ビジネスマンもただむやみに情報を集めていることがよくあります。仮説がないと、情報を集めても意味がありませんし、時間とコスト、情報の質などから考えてどこまで情報を探すか、も大きな問題になっています。この本がそのニーズに応えるものだったようです。また、それまであまり知られていなかったリサーチ・情報サービスという専門職に光をあてる効果もありました。プロフェッショナルとして社外に広がるネットワーク化や協働の

可能性も出てきました。

この本を出版してから仕事の質が変わり、情報をテーマにしたセミナーの講師を務めることも増えました。今後は、できればリサーチのプロをネットワーク化したいと考えています。また考えること、知識にも関連しているので、まだ夢のような話ですが、学校教育などとも関係が深く、これからの時代、情報とどう付き合っていくのかは子供たちの教育には欠かせないと思っています」

この本の出版をきっかけとして、上野さん自身のキャリアも大きく飛躍し、今後のビジョンとしても、リサーチのプロのネットワーク化という新しい方向や具体的なプランを持つようになりました。さらに情報の位置付け、意義などについて、最終的には教育制度の改革にも参画したいと、上野さんのビジョンは大きく拡大してきています。

＊＊＊

たまたま目の前に来た機会をとらえ、「とりあえずやってみる」姿勢

上野さんは、大学卒業時は「何としてもこういう仕事につきたい、こういう地位を得たい」

というはっきりしたキャリア・ビジョンはありませんでした。「たまたま」調査の仕事についたともいえるほどです。その意味では「卒業時に明確なビジョンを持たねばならない」とテキストにあるような事例ではありません。

しかし調査の仕事を数年続ける中、調査を依頼する側へキャリアをシフトする機会が開かれた時に、リスクがあってもそれをまず試してみようと前向きにとらえています。日本の非営利組織から外資系コンサルティング会社への転職はかなりのリスクが伴うと思っても当然ですが、「大変だろうがまず試してみよう」と思い切って行動しています。その後、専門組織が設立され、「たまたま」リーダーの役割をする機会が開かれた時に、ここでも「やってみよう！」とその機会をとらえています。外資系の経営コンサルティングというかなり厳しい社会の新しい組織のリーダーになるのは、それだけでも気が遠くなりそうなチャレンジなので、ひるむ人も多いと思いますが、ここでも「とりあえずやってみる」というオープンな姿勢が見られます。

より高い役割から、自分のユニークさを磨く

上野さんは、組織のリーダーとなったことから、プロフェッショナルとしての情報サービスのユニークさを追求するという課題を与えられました。新しい組織の存在意義を社内で確立し

なくてはならないし、スタッフが皆社内で明らかな「価値」を提供しなくてはならない状況に追い込まれ、ただ目の前の仕事をこなすことから、小さくてもひとつの組織の人、モノ、金の全体を見渡す責任を持つことになったのです。

スタッフからリーダーへというキャリアのシフトは他の企業でも大きな転換と考えられます。上野さんは、自らその経験をした結果、個人のプロフェショナルとして自立することが自分の求めるキャリアであることを自覚し、それまでの調査のクライアントと受託側、スタッフとリーダーという幅広い経験を基礎に、自分のユニークさを見出すことになったのだと思います。

ハイテクによる情報検索と経験にもとづくハイタッチの組み合わせ

上野さんは、外資系企業に勤めていましたが、海外留学の経験はありません。しかし、各国の情報の偏りをよく知っているため、ネットを駆使して、世界から効率的に情報を集める能力を持っています。こうした自分の得意技、蓄積してきた経験、暗黙知と、進化しつつある技術のユニークな組み合わせを実践している好例です。ハイテクとハイタッチを組み合わせる価値で生計を立てようとする新しいかたちのプロフェッショナルです。ハイテクの専門家やいわゆる起業家でない、専門サービスのプロとしての新しいモデルともいえます。

フリーランスの仕事につきものの需要や仕事のピークのコントロールも、定期的にめぐってくる仕事のベースと突発的なものをうまくバランスさせて（時々はそうでもないようですが）、ワークライフバランスもとれていて、自分の好きなことをやる時間や休暇もとることができているようです。

自分自身を「オープン化」して外とのネットワークを活用

上野さんは、独立した個人プロフェッショナルの好例ですが、自分自身を外に対していつも開いている点で「オープン化」を徹底的に実践しています。キャリアの展望に不安が出てきたころ、新しいビジョンを求めて、周囲に働きかけたことが次のステップにつながっています。書籍の出版という具体的なアイディアを実践する前は、上野さん自身にも、次のキャリア・ビジョンは明らかでなかったと思われます。インフォナビの今のビジネスモデルでは限界があると感じ、次のステップの可能性を多方面に求めたからであり、また周囲にその状況を知らせておいたことが実を結んだといえるでしょう。

また新しい可能性が現れた時に、自分の特色、得意技を限定的に考えず、箱から出て、枠組みを外し、新しい枠組みをつくって、自分の強みやユニークさをバージョンアップしています。

2 アジア、米、欧、商社、投資銀行、NPOの組み合わせ

常に自分を「オープン化」して実体験を求める

筒井鉄平　**外資系投資銀行勤務、NPO法人「MBA no WA!」創立者兼代表理事**

(http://mba-no-wa.com/)


1974年生まれ。

1994年一橋大学法学部入学。

1997年オランダのエラスムス大学に1年間留学。

1999年一橋大学法学部卒業後、三菱商事に入社。

2006年シカゴ大学ビジネス・スクールに入学、「MBA no WA!」創立(2010年にNPO法人化)

2008年シカゴ大学ビジネス・スクールでMBAを取得後、外資系投資銀行に入社。


筒井鉄平さんは、子供のころ、宇宙飛行士か国連職員になりたいというはっきりした夢を持っていました。しかし、実際に就職を考える大学卒業の時点ではキャリア・ビジョンはあまりはっきりしていませんでした。大学時代にしたインターンから、ビジネスへの興味が増してはいましたが、だから「××業界、××という企業、そこで××という地位を」とか「××の分野で専門家になる」という明快な道ではありません。最終的には「起業したい」というかなり

あいまいといってもよいようなキャリア・ビジョンでしたし、大体10年計画で、とある意味では「いい加減」、良い方にとると「柔軟」な計画でした。

筒井さんのストーリーが興味深いのは、通常の期間やタイミングにはとらわれず、自分がやりたいと思っていることを実行していることです。閉塞感で息がつまりそうだったから交換留学制度によって留学する、欧州統合だからオランダへ留学する、そしてその留学先でインターンをする、時間切れになる寸前に、商社を辞めて私費でビジネス・スクールに留学するというように、新しい刺激を受け、関心分野が広がり、道を切り開かねばと思った時に、すぐでないにしても「実行」している点です。

筒井さんは、ご両親の仕事の関係で子供時代、1年半ほど台湾に住んだことがあります。帰国して日本で普通の中学に通いました。そのころのことを筒井さんは、次のように語ります。

「日本で通っていた中学は何しろ校則など規則ばかりうるさく、とても閉塞感があって、息がつまりそうでした。このままではいけないと思って、中学3年の時にYouth For Understanding（YFU）と言う交換留学制度に応募し、高校1年から2年の時に米国アイオワ州に留学しました。アイオワ州は大都市ではありませんが、日本を外から見る機会が得られました。日本は何と小さな国なのか、と実感しました。こんな小さな所で、なぜ息がつまりそ

うな生活をしているのだろうか、と眼から鱗が落ちる思いでした。この留学経験は、私にとって、とても新鮮でインパクトが大きく、その後の自分の人生を考える上で大きな影響を持ちました」

宇宙飛行士と国連職員という子ども時代からの夢であったキャリアのビジョンは、その後変遷をたどりました。

「宇宙飛行士になりたいと思っていたのですが、そのためには、大学・大学院へ行き、自衛隊か研究所に入らねばならないことがわかりました。そこで、この道は実現までに余りにも長い時間が掛かるため、断念しました。でも国連職員になりたいという気持ちは相変わらず強く、そのためにも、一橋大学の法学部に入って、国際関係論を専攻しました。子供のころ台湾にいたこと、高校生の時に米国アイオワ州に留学したことなどから、世界で活躍する仕事がしたいという希望は、だんだん大きくなってきました」

しかし、大学3年生の時に世界でも有数の外資系消費財メーカーであるプロクター&ギャンブルで3週間インターンをする機会があり、その経験から、それまでは考えていなかったビジネスへの興味が増しました。その後すぐ、一橋大学で元経営コンサルタントだった講師が教える実務的なビジネス関係のコースをとる中で、さらにビジネスに強い関心を持つようになりました。

筒井さんの留学は、子ども時代の台湾、高校の米国だけにとどまりませんでした。大学在中（4年の時）にはオランダのエラスムス大学に1年間留学しました。オランダを選んだのは、それまで米国に1年間留学した経験があったので、次は欧州に行きたいと思ったこと、卒業論文のテーマが欧州統合だったこともあり、欧州の中でもフランス、ドイツなどより、オランダが欧州統合に関心があったからだといいます。オランダでの生活は初めての独り暮らしで、何でも自分でやる訓練になった他、エラスムス大学では当初予定していた国際関係論の授業以外にマーケティング戦略等を履修したり、欧州日産にてインターンを行うなど、よりビジネスへの理解を深める良い機会でした。

高校、大学いずれも1年ずつ留学していたため、筒井さんは、通常と違って、高校には4年、大学には5年いることになりました。

「高校は3年、大学は4年という普通のパターンに合わせようという気持ちは、当初からあまりありませんでした。それより、なるべく早い時期に、いろいろな世界を自分の目で見たい、

そこで暮らしてみたいという気持ちが強かったのです。外国で暮らした経験のある両親や家族はそうした私のアプローチをサポートしてくれました。留学資金は高校、大学時共に親が出してくれましたが、反対されるということはまったくありませんでした。普通の日本の家族では珍しいかもしれません」

国連職員という世界レベルで非営利の仕事をしたいという夢から、ビジネスへと転換してきた筒井さんですが、大学卒業時点でのキャリア・ビジョンは、業種・職種は明確ではありませんでした。しかし、まず日本の大企業に入り、それから自分の力で勝負できる企業へ転職して、そして起業する、1社10年単位でキャリアを考えようという大まかな戦略プランを立てていました。

そこで筒井さんは、三菱商事に入り、自動車部品メーカーの海外営業・海外進出支援、部品調達・物流やインターネット分野での新規事業立上げの仕事を担当する中、7年後に、会社を休職して私費で米国のビジネス・スクールに行くことにしました。

「就職当初からビジネス・スクールに留学したいという希望を持って勉強はしていました。でも仕事が忙しく、4年5年とこの計画は先送りになっていました。でも時期を失してはいけ

ない、と思い、時間切れになる寸前に、シカゴ大学のビジネス・スクールへの留学が決まりました。起業を目標としていたため、ベンチャーが盛んなスタンフォード大学のビジネス・スクールに行くのが第一希望でしたが、スタンフォードへは合格できなかったので、シカゴ大学のビジネス・スクールに留学しました。シカゴもトップ10のビジネス・スクールですし、起業の希望を持っていたので、夏はシカゴにあるベンチャー企業でインターンをしました。

ビジネス・スクールでの経験はキャリアを考える上で自身の強み、弱みを知る事、チームの重要性を再認識するという点でとても貴重でした。起業を考えていたので、ビジネス・プラン・コンテストにも応募して100チーム弱が応募する中、ファイナリスト8チームの1つに選ばれました」

筒井さんは、2年でシカゴ大学のMBAを取得した後、日本に帰国しました。商社にはMBA留学も含めると10年近く勤務したこともあり、自分の実力で勝負できる企業で10年くらい仕事をするという次のステップに進むために、以前インターンをしたことのある外資系投資銀行に転職しました。

同時に、2007年にシカゴでMBA生に特化したオンライン・コミュニティ「MBA no WA!」(http://mba-no-wa.com/)を立ち上げた経験から、日本から海外のビジネス・スクールに留学する人をサポートする目的でＭＢＡを組織化しようと「MBA no WA!」というＮＰＯ法人をシカゴ大学や他のビジネス・スクールの学生と共に設立しました。「MBA no WA!」は２０１１年1月時点で60校以上、約８００名が参加する組織で、現在、ＭＢＡの知識・人脈をネットワーク化し、日本から世界に打って出るスタートアップ企業を育てようと、起業家を招いたセミナーやビジネス・プラン・コンテストなどを実施しています。

私は、私のブログにコメントをくださり、公開セミナーに出席されて面識を持った筒井さんの友人から、「MBA no WA!」のことを聞き、筒井さんに会う機会を得ました。「MBA no WA!」では、上記活動以外にもＭＢＡに関心を持つ若い人、ＭＢＡの取得者など広い対象を相手に、ビジネス・スクールの入学や応募書類、面接などに関する各種の情報を提供したり、コーチングをしたりして、ネットワーク化を進めようとしています。筒井さんとは各種のイベントで互いに協力し、私が企画するイベントやセミナーでも力を貸してもらっています。

「MBA no WA!は、元々はシカゴ大学ビジネス・スクールにいた時に、海外のビジネス・スクールに行きたいと思っている人（日本在住）と、ビジネス・スクールに在籍している人（海外在住）との間にある物理的な距離・情報格差をオンライン・コミュニティーという場を提供することで解決したい、と考えて作ったものです。

これに加え、MBA no WA!では２００９年からビジネス・プラン・コンテストを開催していますが、これは米国では、多くの大学院を巻き込んだビジネス・プラン・コンテストがあることを身をもって体験して、日本でもこうしたコンテストをつくりたいと思って始めました。日本ではまだビジネス・スクールの数が少ないし、大学院を超えたイベントや活動が少なかったので、まず立ち上げようと始めました。今のところ、伝手を探しては、なるべく多くの大学院に参加してもらおう、多くの人にこの組織を知ってもらおうと、活動を続けています。またＭＢＡだけに限らず、日本全体で起業がもっと盛んになるように、という目的もあります。もっと若い人が容易に起業できる事業環境を整えたい、それにＭＢＡで培った知識・人脈を活用、若しくは提供したい、と思っているので、そうした希望を持つ人たちのネットワークをつくりたいのです」

＊＊＊

自分自身を「オープン化」するために常に比較対象の視点を持つ

筒井さんは、子ども時代に外国で生活した経験、地域を限らず、世界をカバーする高校、大学、そして就職した後での留学の経験から、常に世界に目を向けてきています。1年ずつ（ビジネス・スクールは2年）留学しているために、大学卒業まで普通より多くの時間をかけていますが、若い時に新しい世界、違った世界でさまざまな経験をすることの重要性を理解しており、「オープン化」への意欲がとても強く、常に新しい地域に自ら行き、生活しようという姿勢が強いです。

また、子ども時代の台湾での自由さに比べた日本の閉塞感、国連職員というパブリックなキャリアと営利を目的とするビジネスなど、常にひとつの世界、ひとつの分野だけでなく、比較する対象を持っていて、違った分野をまたがった考え方をしようとしている意図が見えます。

決してあきらめない前向きな姿勢で自分の「ユニークさ」をつくり上げる

閉塞感を感じたから留学、たまたまインターンをしたから国連職員から、ビジネスへ、ビジネス・スクールのインターンから外資系投資銀行へ転職、と誰もができるキャリアではないと皆さんは感じるかもしれません。　しかし、筒井さんは、子ども時代の夢であった宇宙飛行士、第一希望であったスタンフォードのビジネス・スクールなど、必ずしもすべてが思うようにいかなくても、それであきらめず、また道を切り開いていています。

夢や目標を持っていても、毎日の仕事に忙しく、先送りしているうちに、時間切れになったり、責任や権限が増して目標の実現が難しくなってしまうことは多くの人が経験しています。筒井さんは、そのような状況になっても、何とか実現している点が参考になると思います。

自由で柔軟な戦略プランによって「ORをANDにする」のアプローチを見出す

筒井さんはキャリア・ビジョンをあまり固定的に考えず、臨機応変に機会をいかして、自分を外の世界にオープン化し、そこで感じたインパクトを大事にして次の道を決めています。こうしたアプローチは、自分のユニークさをつくり上げていく過程では、キャリア・ビジョンを変えることは当たり前であること、途中で自分により興味があることが出てきたら柔軟に方向を変えること、の必要性を示しています。最終的なビジョンは起業ですが、ビジネス・スクール卒業時点で、起業しようと必ずしも考えていないこと、どのような形で実現するか、かなりの自由度、柔軟性を持った戦略プランを考えていることはとても参考になると思います。

筒井さんのユニークな組み合わせは、世界3極での留学経験を持つこと、日本の大企業、米国の金融サービス、NPOと意識して、組み合わせをつくりあげようとしている点です。そこには世界や分野を超えて新しいアプローチを見出そう、ORをANDにしようという意図がよく見えます。

3

「閉じた業界」でも実績と経験で「オープン化」

「ORをANDで結ぶ」編集という仕事に挑戦

常盤亜由子　ダイヤモンド社書籍編集局

1977年生まれ。

1998〜1999年、早稲田大学商学部在学中に日経BP社でインターンとアルバイトを約1年間経験。

1999年大学卒業後、東洋経済新報社に入社。

2005年ランダムハウス講談社(現・武田ランダムハウスジャパン)に転職。

2009年ダイヤモンド社に転職。


ビジネス書を中心とした書籍の編集者として活躍中の常盤亜由子さんは、新卒で、希望する出版業界の大手に入社しました。6年たったところで、同じ業界でも違った環境に自分を置き、守備範囲を広め、経験を深めようと、規模がずっと小さい外資系との合弁企業に転職しました。多くの人から見ると、「せっかく大手企業に入ったのに退職するなんて」とか「大手企業をやめると、それ以降のキャリアの可能性が狭まるのでは」など懸念の方が大きいと思われる中、あえて転職をしています。なぜ数年で大手をやめたのか、その後の経験、キャリアの可能性を考える上で参考になると思います。

常盤さんは、学生時代には、「カッコ良い」ことを基準にして、「証券取引所の場立ち」、「飛行場で飛行機の誘導をするマーシャラー」、「靴職人」になりたいと考えていました。しかし、証券取引所の場立ちは電子化が決まっていたため将来性がない、マーシャラーは体力的に厳しい、特にデザインの勉強をしてきたわけでもない自分が靴職人になれるとは思えない、と断念しました。

1998年、就職活動を始めてまもない大学3年生の冬に、1カ月と限られた期間ではありましたが、日経BP社でインターンシップを経験しました。とても楽しく有意義な経験をしたので、インターン終了後、そこに入社しようか、と思いましたが、入社試験がすでに終わっていて、その会社への就職はできませんでした。

しかし、編集長が常盤さんの仕事ぶりを買ってくれたこと、そしてなにより常盤さん自身、とても楽しい仕事で好きだったため、そのまま日経BP社でアルバイトとして約1年間働くことになりました。アルバイトでしたが、雑用から校閲、そして時には新刊の書評欄の記事の執筆までやらせてもらって、常盤さんは、自分で取材して書く仕事がしたい、と強く思うようになったといいます。

1999年当時は、就職超氷河期であったため、かなり苦戦しましたが、出版社を中心に就職活動をし、経済・ビジネス書を中心とする東洋経済新報社の雑誌記者職に応募しました。この仕事は、「取材して書く」という常盤さんのキャリア・ビジョンにあっており、ぜひやりたい仕事だったのです。しかし、面接の最終段階で会社側から思わぬ打診を受けることになります。どういう事情か、「雑誌記者職ではなく、書籍編集職でどうか？」というのです。取材して書くという希望のキャリアと違ってしまったので、挫折感はありましたが、書籍の編集をしている部署の人たちと会い、仕事について詳しく説明され、入社することになりました。

こうして当初の希望とは違って書籍の編集者となったのですが、東洋経済で最初に担当した仕事で、上司にいろいろサポートしてもらったことがその後のキャリアへの自信につながりました。

「入社して最初に担当した仕事でやる気満々だったこともあり、平日だけでは飽きたらず休日にも出勤することにしたんです。会社に着いてみると、そこには上司の姿がありました。なぜかなと思ったのですが、上司は編集部にあったテレビの近くに座ってスポーツ番組を見ているだけ。いったい何をしているんだろうとそのときは不思議でしたが、後で考えると、私のことを心配して来てくれていたのだとわかりました。

最初に担当した書籍では、まだどのくらい反響があるかも定かでない発売間もない段階で、

その上司が増刷の意思決定をしてくれました。これは私にとってとてもうれしいことでした。それから自分のキャリアに自信をもつきっかけになりました」

常盤さんが担当した書籍のひとつが、*Strategic Management*（『戦略経営論』）の日本語版で、私はその翻訳を依頼されていました。私は、400ページ以上の原書をなんとか翻訳して、2001年11月に原稿を送った後、数カ月して、常盤さんから連絡がありました。初校は膨大な量でしたが、それより印象的だったのは、常盤さんが細かい点まで原稿をていねいに見て、意味の確認や意訳しすぎているところなどの指摘をしていたことです。常盤さんについて、若いが、ていねいな仕事をするプロ意識、能力の高い人だという印象を私は持ちました。

東洋経済で6年ほど書籍の編集をして、かなりの実績を上げているうちに、常盤さんは、出版業界では一流の老舗企業である東洋経済にいるとそれが当たり前になって、恵まれた環境しか知らないことになるのではないか、と疑問を持つようになりました。ちょうどそのころ、ビジネス書の強化を目指していた講談社と外資系企業の合弁会社であるランダムハウス講談社から誘いがあり、転職することにしました。この転職は、常盤さんがいろいろな教訓を得る貴重な機会となりました。

「東洋経済からランダムハウス講談社という規模の小さい会社に移ってみると、いかに企業の規模や看板がものをいうか、がよくわかりました。それまでは当たり前と思っていたことが、小さな企業では当たり前でないこと、すぐれた著者の良い本でも、出版社の力がなくて、十分サポートできなければ、世に出すことができないことが実感としてよくわかりました。貴重な体験でした。

でも小さな会社だからこそのメリットもありました。業界でも規模のかなり大きな東洋経済新報社では、編集と営業は分業体制をとっていて、営業活動は営業担当に任せていました。しかしランダムハウス講談社は規模が小さいため、東洋経済のように『本をつくれば、あとは営業が売ってくれる』というわけにはいかなかったのです。ビジネス全体をみる、編集以外の業務にも積極的に協力するのは貴重な経験でした。また新しい組織だったので、自分のまわりには20代半ばの後輩たちもいました。東洋経済時代には『若手』と呼ばれていたそれまでとは一転して、編集経験の浅い後輩たちをどう育てるか、などかなり悩むことにもなりました」

常盤さんはランダムハウス講談社に5年近く勤めましたが、出版業界の環境変化にともない、会社の方針も大きく舵が切られることになりました。常盤さんがスカウトされた理由であるビジネス書を強化するという会社の路線は転換され、また、社名も近く変更されることが決まったため、２００９年、常盤さんは元の勤務先である東洋経済新報社のライバルともいえるダイヤモンド社に転職しました。

「私が、東洋経済からランダムハウス講談社に転職したそもそもの目的は、小さなところにいくと環境に恵まれず、苦労はするかもしれないけど、若い時ならその経験や苦労に耐えられるだろうと考えたからです。いろいろ思いがけない苦労はありましたが、転職は十分に意義があったと思います。でもやはり、これはという著者やコンセプトを社会に広く伝えたいというのが私のビジョンなので、それができる会社に移ったのです」

＊＊＊

「自分が主役」でありたい姿を追求すれば 自分の「ユニークさ」が見出せる

常盤さんは、学生時代の当初の「かっこ良い」キャリアの夢から一転して、編集者という今の仕事に到達しています。「かっこ良い」という基準でキャリアを考えるのは、子供時代の夢や、ヒーロー、自分のありたい姿のイメージなどから、キャリアのビジョンを考えるという点で示唆に富んでいます。

とかく、自分にもできそうだから、周囲にその仕事をしている人がいるから、家族がその仕事を勧めたから、親戚のほとんどがそのキャリアだからなどという、内向き、かつ受け身な理由で、キャリア・ビジョンを決める人が多いと思います。

しかし、キャリアもライフスタイルも皆さん自分自身のもので、誰かに勧められたからといって、その人が代わりに仕事をしてくれるわけではありません。夢物語といわれようが、実現性がないといわれようが、「自分が主役」であることを自覚して自分なりの夢、ありたい姿を持つことが、自分自身の「ユニークさ」を見出すためにも大切だと思います。

あえて小規模な会社に転職する「オープン化」で仕事の範囲を広げる

常盤さんは、学生時代のユニークなキャリア・ビジョンに早い段階で見切りをつけ、学生時代のインターンやアルバイトを経て、希望する出版業界の名門企業に入り、早くから実績を残しました。その後、同じ業界でもまったく違う経験を求めて、長期の海外留学の経験はありませんでしたが、規模のずっと小さな外資系企業との合弁会社に転職しました。

確立された企業でのキャリアをあえて捨てて、規模の小さな企業に転職し、実際の経験を積んだことから、仕事の範囲が飛躍的に広がっていますし、普通ならば若いうちはなかなか与えられない権限と責任を持つことができました。また若い後輩を育てながら仕事を進めていくという経験をし、その業績が明確に出る世界に自分を置いています。

若いうちに経験を積むために新しく設立された（したがって、かなり自由に裁量できるというメリットがある）規模の小さな企業に転職することは、頭では大切なこととわかっていても、実際にはなかなか実行できないのが普通でしょう。常に外の世界を見ているという点で、これは「オープン化」そのものです。

「これではいけない」と思った時に思いきってシフトする勇気を持つ

常盤さんは、若い時なら苦労しても何とかなると規模の小さな新興の企業にあえて転職しています。その会社の方針が変わった時に、再び業界の大手企業へと転職を重ねています。

このままではいけないと思った時に行動に移す勇気と度胸があるかは、キャリア戦略シフトにおいてとても大切なことだと思います。タイミングの重要性、「戦略の窓」があいている期間は短いですから。

常盤さんが新興企業で経験を積んだのち、また確立された業界の大企業へと転職することができたのは、仕事の上での実績がそれだけ業界で認められているからです。確立された企業から新興企業へ、そしてまた確立された企業へという転職は、日本の多くの業界では珍しいことだと思います。それだけに思い切りが不可欠です。

伝えたいコンセプトを世の中に伝える「ORからANDへ」を編集という仕事で実現

常盤さんは、今の自分のキャリア・ビジョンを、新しい意味での「編集」ととらえています。電子端末など新しいメディアが次々と現れる中、「書籍や雑誌」というメディアにとらわれた「編集」ではなく、世の中をよりよくしようと考えている人の存在を世の中に知らせ、その人が影響力を持てるようサポートすることが「編集者」という仕事の意義であると考えています。メディアの種類にはこだわっていません。まずメディアありきではなく、まずコンセプトや人があって、それをどのように見せていくか、どう世の中に伝えていくか、の新しい組み合わせを考える。それが現在のキャリア・ビジョンであり、そこでは個人の思考と集団での思考の組み合わせが不可欠であると考えています。

特に、今、メディアの可能性が広がっている中で、編集──「編む」──とは、素材を料理にするのと同様に、優れたアイディアや人を「料理」する、転換することであると考えています。また尊敬する上司を持ち、後輩を持った経験から、「編む」作業はチームですることと一人で考えることの両方の活動を必要とする、「ORをANDにする」組み合わせであることをよく知っています。

4 銀行での挫折をきっかけにキャリアの「オープン化」を実践

自分の「ユニークな組み合わせ」を見つける

大塚雅文　まなび株式会社代表取締役

1972年生まれ。

1995年慶應義塾大学経済学部卒業後、東海銀行（当時）に入社。

1998年東海銀行を退職、アタッカーズ・ビジネススクールなど専門学校に通い、教育ベンチャー企業の手伝いをしつつ、米国MBAプログラムの受験準備を進める。

2000年バージニア大学大学院ダーデン・スクールに入学。

2002年同大学院を卒業後、まなび株式会社を設立、代表に就任。


大塚雅文さんは新卒で都市銀行に就職しました。子供時代に外国で暮らした「帰国子女」で、金融サービスそれも大手銀行への就職と、外からみると、うらやましいような経歴です。しかし銀行は4年で退職してしまい、モラトリアムの1年を過ごし、それから海外でMBAをとって起業しています。就職氷河期といわれる今考えると、「恵まれている就職なのになぜ退職したのか、そして一人で苦労しているのか」と安定した生活を求める人には信じられないかもしれません。

大塚さんのキャリア・ストーリーは、多様な環境に自分を置き、いろいろなことを試し、自分のユニークな組み合わせを求めた事例です。

大塚さんは、日米のふたつの文化のはざまにいるという実体験があり、日本人の感覚をよく理解できる、それに共感（Empathy）を感じることができるという自分のユニークさをいかして、「MANABI.st」というスキル開発のサービスをしています。「MANABI.st」は、米国のネイティブ・スピーカーと電話でビジネスの話をする方法でビジネス英語を学ぶ機会を提供するというベンチャーで、ビジネス・スクールの先輩が始めたものです。大塚さんは在学中からインターンとして手伝っていましたが、2002年からはその先輩から組織を譲り受けました。

最近では、欧米スタイルのコミュニケーションが、なぜ日本人には合わないのか、ではどうしたらよいか、など、日本人のコミュニケーションや考え方の特性を知っていることを生かしたサポート・サービスを立ち上げています。最近の若い世代は内向きなどと批判されていますが、世界で活動したいという意欲はあるものの、同時にいろいろな不安も持つ日本の若者がかなりいることを自らの経験からよく知っているからです。

「私自身が帰国子女として悩みを散々体験し、自分や人のもろさ（Fragility）を痛感しています。また、これまでMANABI.stでビジネス英語などのスキル開発をしてきたのですが、ほとんどの若い日本人は、外国人とのミーティングで『自分のコメントはあれでよかったのだろうか』という不安や懸念を持っているのですが、誰にも聞けないというジレンマがあります。ですから、その不安や懸念にこたえてあげて、そうした場を作り、あの時のあなたのコメントはここがよかった、もっとこういえばさらに良いと思う、などと具体的にフォローしてあげると、次からの発言がまったく変わってきます。自信を持って意見がいえるようになるのです。私自身、バージニアのビジネス・スクールでケース討論をするたびごとに、『自分はばかなことをいっているのではないか』という不安があったので、その気持ちがよくわかるのです。そのために、アクティブ・リスニングの手法を使って、わからなくなったらすぐ何かいう、などというやり方も工夫しています」

大塚さんは、いわゆる「帰国子女」です。４歳から12歳まで、商社に勤める父親の仕事の都合により米国ロサンゼルスで生活し、小学校６年生の２学期に日本に帰り、最初は帰国子女対象の中学に入りました。その後、普通（帰国子女対象ではない）の日本の高校に進んでから「仲間に入りたいのに入れない」というかなりの苦労を経験しています。そのころの思いを大塚さんは、次のように語ります。

「それまでは米国の生活に慣れていたし、日本の中学は帰国子女対象の学校だったのでよかったのです。それが、普通の高校にはいると、ただでさえ多感で悩みの多い10代の時だったこともあり、自分は、日米いずれの場所でも中途半端だという思いや悩みをとても強く感じていました。わざと日本人のように英語を話したり、などいろいろやりましたが、もがいているという気持ちが強く、気分が晴れませんでした。慶應義塾大学を卒業した当時、キャリアのビジョンはそれほどはっきりしていなくて、金融サービス、一流の銀行ということで、東海銀行に入りました。一般的な見方からすれば、良い仕事、キャリアへの一歩を踏み出したのです」

こうして東海銀行に入社したのですが、大塚さんは、4年弱で退職してしまいました。仕事をしていてもどうも自分には向いていない、思っていたキャリアと違う、また銀行では自分の実力は発揮できないと感じたためです。

「私は、何でも新しいことを追加したいというタイプなのです。それは仕事でも同じなのです。でも、銀行というところはルーチンワークをうまくこなす人が必要であって、仕事でも新しいことを付け加えたい自分には向いていないことがわかりました。また銀行内では、決まったことをしっかりこなすという資質を持った人が昇進するので、何か付け足してしまって全体がまわらなくなったりする自分のやり方では、銀行内での競争には勝つことはできない、と自覚しました。たまたま、同じ大学同じゼミの後輩が同じ支店に配属され、この土俵で勝負しても自分の方が負ける、と確信したので、4年たたないうちに辞めたのです」

大塚さんは、多くの学生が浪人する中、現役で大学に入ったので、1年はモラトリアム期間と思って、時間には余裕があると考えていました。そこで、銀行を退職した後の1年を、ベンチャーや起業家を育成するために大前研一さんがやっているアタッカーズ・ビジネススクールに入ったり、米国のMBAプログラムを目指そうと、応募書類を書くことに費やしました。大塚さんは、この1年の経験は、自分をよく知るうえでとても貴重だった、と語っています。

「それまで自分は日米のどちらでも中途半端という気持ちがあったし、自分のアイデンティティがはっきりせず、一体自分は何者なのか、何が得意なのか、好きなのかもよくわかってい

ませんでした。でもアタッカーズで起業家を目指す同世代の人たちと会ったり、いろいろな講師の話を聞いたりしているうちに自分のやりたいことがしだいにはっきりしてきました。米国で子供時代を過ごしたこともあって、MBAをとりたいという希望が強くなりました。

ビジネス・スクールに入るには数ページにわたる応募書類を書かねばならなかったので、そのプロセスでも自分のやりたいこと、強み、特技などを見直すことができました。自分のトラウマにも直面することができました。

1年間の猶予期間と自分で決めてやったのですが、両親は特に反対もせず、見守ってくれていました」

1年間のモラトリアムの後、大塚さんは、ワシントンDCから120キロメートルくらい離れているバージニア州シャーロッツビルにあるバージニア大学のビジネス・スクール、ダーデン・スクールに留学しました。私が大塚さんと知り合ったのは、大塚さんがそのための入学面接に来ていた時でした。私自身がかつてバージニアでMBAをとり、そのころは客員教授として秋に1週間くらいクラスを教えていて、シャーロッツビルの空港でたまたま大塚さんに出会ったのです。大塚さんは、それ以前に私が前述のアタッカーズ・ビジネススクールで講義をした時のこと、そして私に「MBAをとってよかったことはなんですか」と質問したことを覚えていて、空港で声をかけてきたのです。

大塚さんは、バージニアのビジネス・スクール時代にさらに自分のユニークさについて、学び自覚する点が多かったと語っています。


「バージニアのビジネス・スクールでは、アメリカ人などとチームワークをする機会がとても多く、それがこの大学院の特色でもありました。そこで、同年代の周囲の学生と比較して、自分の苦手なこと、得意技、ユニークさが感覚的にわかってきました。規模の比較的小さな大学院だったので、日本人は少なく、大都会ではなかったので、皆近くに住んでいたことも私には幸いでした。

バージニアでも、他のビジネス・スクールと同様に、就職先として人気が高いのは、投資銀行やコンサルティング会社などでした。しかし、そのようなキャリアを目指す人々が、とても積極的で、こちらがひとつ意見をいうと20くらい反論してくるというように、頭の回転がとても速く、『弁が立つ』のと比べて、自分はずいぶん違うと実感しました。ですから、高給は魅力でしたが、こうしたいわゆる『ビジネス・スクールで人気の高い』職種でやっていける能力には欠けている、それに自分には向いていないと自覚しました。

この経験はそれからのキャリアを考える上でとても貴重でした。それまでも常に自分のアイ

デンティティを模索しているような状態が続いていましたが、実際にいろいろな経験をしたり、同世代の人と四六時中同じ行動をして、自分は何が好きなのか、得意なのか、何がユニークなのか、が自分なりにわかってきました」

大塚さんの事例は、一般的に「良い」仕事についても、自分には向いていないことが自覚できたら、ある程度のところで見切りをつけること、つまりキャリアの見直しの重要性を示しています。銀行をやめる意思決定のタイミングについて、大塚さんは次のように振り返ります。

「銀行は4年弱でやめてしまったけれど、あのまま5年以上いたら、退職はたぶんかなり難しくなっていたと思います、とても新しい道を求めようという気にはならなかったでしょう。でも結果としてはやめてよかったと思います。自分の世界が大きく広がったから。最近、銀行時代の友人に会うと、彼らの世界がとても狭いことにびっくりしてしまいます。あのまま銀行に居続けていたら、私も同じことになっていたでしょう」

＊＊＊

「オープン化」によるキャリア転換はタイミングが鍵となる

最初の就職先の実際の仕事が、自分のありたい姿、ビジョンと違うことがわかったら、慣れ親しんでしまったり、そのルールに自分自身を合わせてしまう「前に」、キャリア戦略をシフトできることを大塚さんの事例は示しています。自分には向いていない、実力を発揮できないとわかった場合、キャリア・プランや方向を見直し、転換して、新たな、違う「場」に自分を置き、違う世界を切り拓く勇気を持つこと、「オープン化」への一歩を自ら踏み出すことの必要性を示しています。

大塚さんは、自分には銀行が向いていない、実力が発揮できないと自覚した時点で、新しい能力や知識を得ようと、起業家支援のスクールに行っています。またＭＢＡに応募するという明らかな目標を立てて、自分自身の分析をしています。

外に目を向け、自分の世界を広げ続けることで、自分を磨く

大塚さんは、バージニアのビジネス・スクールの卒業生の会合を活性化しようとイベントを

企画したり、そのネットワークを活用し、日本だけでなく世界の卒業生や教授陣と常にコンタクトを保ち、世界に開かれた活動をしています。ブログ、ツイッターはもちろん自分の主催するセミナーの一般公開や各種イベントへの積極的な参加など、常に世界に対して自分自身を開き、刺激を受け続けるようにしています。外との接点を数多く持ち、今も「オープン化」を実践することによって、ユニークな新しい組み合わせを求め続けているのです。

世界の「縮図」の中で自分のユニークさを知る

また自分のユニークさを知るために、同じような年齢、希望を持つ人がいる環境に自分を置くこと、同じ活動をする中で、相対的な自分の力やユニークさ、新しい組み合わせを知る、自覚することができる可能性を示しています。同じバージニアのMBAという外面的な特色は共通でも、「立て板に水」攻撃的ともいえるほど積極的で、投資銀行など「切った、張った」の世界に向いており、それが生きがいという人（これは内面的な特色）とそうでない人は、「外面と内面の組み合わせ」を考えると、まったく違うユニークさを持つわけです。

弱み・挫折は「ORからANDへ」と飛躍する良い機会となる

大塚さんの事例を読んで、銀行での出世というキャリア・プランが挫折したと考える人がいるかもしれませんが、大塚さんの事例は、キャリア・ビジョンや戦略プランは変更できるものであること、もう少し待ってみようなどと時間を空費しないで、タイミングを見極め、決断し、常に自分の知識や能力をバージョンアップする努力を怠らないことの大切さを示しています。キャリア戦略やビジョンはその気になれば自分で変更・修正できる、そこで挫折したと落胆する必要はない、自分が意思決定の主役であるということが大塚さんの事例でわかっていただけるのではないでしょうか。

また大塚さんの事例は、一見したところでは自分の弱みと見えることも、広い世界のニーズに合うように組み合わせていければ「ＯＲからＡＮＤへ」と飛躍させるきっかけになりうる、という点でも興味深く、希望を与えてくれます。

5

アートとロジック、日本と欧米のパフォーミング・アーツマネジメント

究極の「オープン化」と「ユニークな組み合わせ」で新市場を創出

佐野　睦　プロデューサー

1967年生まれ。

1989年丸万（現東海東京）証券株式会社入社。

1995年四季株式会社（劇団四季）入社。

2005〜2007年留学のため、いったん離職。

2007年英国王立ロンドン大学ゴールドスミスカレッジ演劇学部修士課程卒業。

2008年劇団四季退団後、大手芸能プロダクションの舞台、イベント制作の担当を経て、現在はフリーのプロデューサーとして様々な舞台、コンサート、イベントのプロデュース、制作に携わっている。


次に紹介する佐野睦さんは、バブルの波にのって、新卒で証券会社へ就職したものの、仕事の価値に疑問を感じて、劇団四季に転職し、海外留学を経て、現在はフリーのプロデューサーとして活躍しています。佐野さんのキャリアは、「志」さえあれば、新卒時には、「普通」の仕事をしていても、まったく新しい分野に進出するという大きなキャリア転換ができること、そして常に世界で優れた環境を求めて自分を磨いていけば、新しいキャリアを創造できる可能性

があることを示しています。

佐野さんは、大学で児童心理学を専攻していました。就職した当時はバブル期で、明確なキャリア・ビジョンもないまま、証券会社に就職して、株の営業をしていました。業績も上げていましたが、しだいに、自分はお客様に何か感動を与えているのだろうか、本当に自分の営業活動が価値を提供しているのか、お客様が喜ぶのは株が値上がりしたということだけであって、お客様が自分の活動を喜んでいるわけではないのではないか、株の売買はむなしいのではないか、と考えるようになったそうです。

ちょうどそのころ、たまたま劇団四季のミュージカルを見る機会がありました。

「終演後、とても楽しそうに劇場から出ていくお客様に、劇団四季のスタッフが『ありがとうございました』といっていたのを見たのです。その姿を見て、お客様が舞台を見て、『感動』『喜び』を感じ、本当に楽しかったと喜んでいる、そしてその経験をサポートしているスタッフも心からお礼をいっている、と気がつき、自分の仕事と比べてそんな仕事がとてもうらやましいと思ったのです」

そのころ、劇団四季がたまたま名古屋で大きなプロジェクトをスタートするため求人をしていることを知り、名古屋出身の佐野さんはそれに応募しました。そして採用はされたのですが、そのプロジェクトは中止になってしまったため、当初の計画より縮小された劇団四季の事務所で働くことになりました。小さな事務所で他にはアルバイトしかいなかったため、新入社員の佐野さんは、どんな仕事もこなさなくてはならなくなりました。事務所を一人で切り盛りしていたこの時の経験は、組織の活動の全体を知り、自分で実践するという点でとても貴重でした。
名古屋で1年経験した後、佐野さんは、東京にある本部に異動し、5年間全国ツアーの担当をしました。

「当時の劇団四季には、全国に演劇を広めようという高い志と使命感が徹底していました。それを全国ツアーという形で実践できる私たちは、皆その志を共有し、使命感を深く感じ、毎日仕事をしていました。俳優にとってもスタッフにとっても全国で上演できるというのは、楽しく、かつ有意義で、エキサイティングな経験でしたし、皆希望に燃えていました」

その後、佐野さんは広報部門に移り5年間広報を担当しました。ちょうどそのころ、私は劇団四季の事業戦略に興味を持って、ビジネス・スクールで教材として用いるビジネス・ケースのひとつとして劇団四季のケースを書きたいと考えていて、佐野さんと出会ったのです。

劇団四季にお願いして、ケースを書くためにインタビュー取材やリハーサル、舞台裏の見学などをアレンジしていただいたのが佐野さんでした。

佐野さんは、約11年間、劇団四季で仕事をしていたのですが、劇団四季がイギリスのアンドリュー・ロイド・ウェバーのグループやディズニーなど海外プロダクションとライセンス契約を結ぶ中で、欧米では演劇マネジメントという職種が確立されていることを知りました。また海外の演劇マネジメント・チームと直接接触して仕事をする経験から、創立者でカリスマ的リーダーである浅利慶太氏のスタイルが色濃い劇団四季のアプローチとは違うやり方があることを知りました。海外のチームは、制作、広報、マーケティングなどの戦略が論理的で明確でした。リハーサルにおいても、役のキャラクターやせりふや歌、音楽の背景などを誰でも納得できるように、ロジカルに徹底的に説明するという演出のやり方をしていたのです。

このようにカリスマ的リーダーだけに頼るのではない、確立された分野としての演劇マネジメント手法を学びたいと思った佐野さんは、大学院の修士コースを調べました。

パフォーミング・アートでは世界の頂点であるニューヨークとロンドンの修士課程がある大学院数カ所に応募した佐野さんは、2005年にロンドン大学のゴールドスミスカレッジの入学許可を得て、そこに行くことに決めました。

「ロンドンのゴールドスミスカレッジのマスターコースでは、哲学や歴史、社会学など、一見演劇マネジメントとあまり関係なさそうなことをたくさん学びました。最初は何だかわからないことが多かったのですが、とても広い分野のリベラルアーツ全般を学ぶ、皆で議論する、テーマを与えられてレポートを書く、という経験はとても貴重でしたし、パフォーミング・アートのマネジメントが単にロジカルな考え方だけを追求するものでないことが、よくわかりました。

社会学や哲学を重視するという点で、ニューヨークではなくロンドンに行ったのは、とてもよかったと思います。演劇は作品も産業としても、その時々の社会や経済の影響を強く受けてきました。そこで歴史や宗教、哲学の教養が必要ですし、同時に哲学、宗教、科学、真実、ユニバーサルなど社会における基本概念が変化していることが認識できるようなカリキュラムになっていました。

また、〝正解〟を教えない講義やセミナーも最初は不安でしたが、とても刺激を受けました。たとえば、『〝ウィキッド〟や〝ライオンキング〟はメガ・ミュージカルかそうでないか』というような課題が出て、それについて自分の主張をまとめなくてはならないのです。日本では答えを教えるアプローチが多いのですが、英国では答えを考えるテーブルを提供してくれるとい

う感じでした。何が何だかわからないけど、自分で考えねばならない。面白いけれど、わからない、という印象でした。

この課題ではまずメガ・ミュージカルとは何か、と定義するためにさまざまな文献、事例をリサーチするところから始まります。それから2つのミュージカルをその定義に合わせてあらゆる角度から分析するわけです。その場合、学生それぞれの結論が違ってもかまわないわけで、正しい答えではなく、人を説得させられるだけの論拠と論証が求められるわけです」

「ロンドンでは新しい動きも多く、現地でその脈動を体感できたことも大きな収穫でした。アンドリュー・ロイド・ウェバーのようにこの業界で地位も実績もある人が、数々の実験を繰り返していました。若い世代を盛り立てようといろいろな支援や活動をしているのが日本とは違って新鮮で、印象的でした」

佐野さんは、ロンドンに留学して、予定どおり2年で修士を取得しました。日本で演劇プロデュースの仕事をしたいと帰国したところ、国際的な事業展開をサポートできる人材を求めていた古巣の劇団四季にすぐ呼び戻されました。当時、劇団四季の国際部門の仕事は、海外企業との提携や契約、翻訳などコミュニケーションを中心として活発に行われていたため、全体の動きを知ることができるメリットがありました。しかし、英国で学んできたことやそれまでの劇団四季での広報活動や全国ツアーの経験という佐野さん自身のユニークな「組み合わせ」がいかせる場ではない、自分がやりたい仕事とはギャップがあると感じて、数カ月で劇団四季を退職します。

その後、佐野さんは、数カ月充電期間を過ごした後、日本でも有数のタレントを擁する大手芸能プロダクションに入社しました。そこでは所属タレントやアイドルを中心とした舞台やイベントを担当したので、劇団四季以外の日本の演劇、エンターテインメント業界の現場を知ることができました。

「びっくりしたのは、『プロフェッショナル』という定義がイギリスなどとはまったく違うことでした。アイドルや俳優の人たちはとても意欲があるのですが、基礎訓練が不足しているので、英国で考えられるプロとしてのレベルがなかなか実現できないのです。英国で見たようなプロフェッショナルとしてのレベルではなく、アマチュアの活動のようなレベルになることもあるのですが、それを有料でやっていて、それでもお客様が来てくださることが意外でした。私も任せていただいていろいろな仕事をしたのですが、こうしたことを長く続けていると、このレベルで良いという感覚に麻痺してしまうのではないか、と恐れを感じたのです」

また英国ではミュージカルや演劇を上演する場合の役割分担が明快であるのに比べて、演出家、ディレクター、タレントのマネジャー、プロダクションの社長など、いろいろな人の役割や責任が混在していることも、現場の経験から知りました。そして、佐野さんは、大手芸能プロダクションも1年で退職することになりました。

佐野さんは、現在はフリーの立場で「志」を同じくする多様な俳優たち（元劇団四季の俳優を含む）の舞台、日本の伝統芸能分野、コンサートなどの制作を手掛けています。

さらに、海外での経験をいかしてシンガポールやロシアとの文化交流事業など、世界と日本を結ぶ活動を始めています。

＊＊＊

まったく違う世界に飛び込んでいく キャリアの究極の「オープン化」

佐野さんのキャリアは、「オープン化」の繰り返しです。大学卒業時には、はっきりしたキャリアのビジョンはなく、当時花形だった証券会社に就職しました。しかし証券業界がバブル期で業績がよかったことに惑わされず、疑問を持ち続け、自分のキャリアを模索していました。たまたま、お客様からお礼をいわれ、自分も心からお客様にお礼がいえるという劇場スタッフの仕事の現場に直接触れたことから、それまでいたところとは違う世界である演劇業界に入りました。この転職は、今やっている仕事は自分のありたい姿でないと自覚したキャリアの方向転換でした。まったく知らない新しい業界で仕事を求めるというのは、「オープン化」といっても、実際はなかなか簡単にできることではないと思います。

佐野さんは、日本で有数の組織である劇団四季で演劇マネジメントのさまざまな経験を積みました。文化や組織が違っても、世界で通じる演劇のマネジメントをしたいという自分のビジョンがはっきりしてくると、それを実現するために必要な知識や技術を学ぼうと演劇マネジメントの本場、英国のマスタープログラムに留学しました。

ここでも自分を広く世界に開いており、「オープン化」を実践していて、自分のビジョンと現在の仕事から得られる経験や知識との間にあるギャップに橋をかけようという計画としてもよく考えられています。英国での経験はとても有意義なものだったようですが、その後、自分のキャリアを築こうと、日本に帰国しました。

「ユニークな組み合わせ」を活かして演劇の新しい市場を模索

佐野さんは、証券会社や演劇業界の営業・セールス、英国で学んだパフォーミング・アートのプロデュースの知識や技術、そして英国でのネットワーク、日本でも有数の成功企業である劇団四季や大手芸能プロダクションでの数々の経験、という「ユニークな組み合わせ」を持っています。今それをどう位置付ければ、インフラの状況が違う日本の市場のニーズに合うか、あるいは、観客が対価を払ってくれる新しい市場を創出できるのか、試行錯誤を続けています。それは、日本の業界がブロードウェイやロンドンのウェストエンドとかなり違うからです。

2000年代になって、野田秀樹、宮本亜門、平田オリザ、三谷幸喜など、プロジェクト単位の仕事をするプロフェッショナルも登場し始めています。それでも、佐野さんのような知識・技術・能力・経験を持つ人がプロフェッショナルとして、個人でプロジェクト単位の仕事をする環境は、日本ではまだ整っていないようです。新しいビジネスという以上に新しい市場を創り出すことが大きな課題になっています。

佐野さんのキャリア戦略は一見特別な分野の出来事のように見えるかもしれませんが、常にオープンな姿勢、その経歴、劇団四季に入った理由、その後の留学、帰国後の活動など、新しいタイプのプロフェッショナルがどのような活動をするのか、という観点からもとても興味深いと思います。

6 ビジョンを持って「介護」と「保育」を合体させる

「ORをANDにする」新しいモデルを構築

中川清彦 **社会福祉法人伸こう福祉会「保育園キディ」園長**

1971年生まれ。

1995年早稲田大学教育学部卒業後、旅行会社に入社。

1999年国家公務員Ⅰ種合格、2000年科学技術庁入庁。2001年の省庁再編で文部科学省に統合、経済産業省、内閣府などを経て、2007年4月に退官。

2007年6月より、介護施設と保育園などを運営する社会福祉法人伸こう福祉会で勤務。

2009年4月より「保育園キディ」園長。


中川清彦さんは、介護と保育を合体させるという明確なビジョンをもち、その実現に必要な知識、経験そして力を持つために周到な計画を立て、旅行会社勤務から官僚を経て、現在は社会福祉法人に属し、保育園の園長を務めるというキャリアの戦略シフトを実践している数少ない事例の一人です。

「大学生の時に、忙しい兄夫婦の代りに1歳の甥っ子を保育園に送り迎えしていました。おじいちゃんやおばあちゃんが孫を迎えにくる光景もよく見たのですが、子どもは自分の祖父母でなくても、お年寄りにその日にあったことを話したりしていました。またお年寄りは、それをうれしそうに聞いていました。その時、高齢者が子どもからエネルギーをもらい、そして高齢者のやさしさが子どもにとって大きなサポートになっていることを実感したのです」

中川さんは、高齢者と子どもが一緒に過ごせる施設をつくりたい、というビジョンを持ちました。そして、そのビジョンを実現するために、なぜそれが実践されていないのかを知るとともに、保育園、介護施設の運営について、必要な知識を得ようと、就職活動中に10年計画を立てています。

高齢者と子どもの組み合わせという誰もが考えつきそうな施設が存在しないのには、法的な制限など制度的な制約があるのではないか、そして、もし法律や制度に問題があるのであれば、それを変える必要性があるとも考えました。

10年計画として、大学を卒業したら、民間企業に就職してビジネスの全体像を学ぶ、それから官僚になって保育や介護の制度を調査分析する、そして、法律や制度を変える必要があるなら、自ら政策立案できるキャリア官僚にならなくてはならない。国家公務員I種まで考えなければ、実際に目指すコンセプトを現実のものにして、自分のキャリア・ビジョンを実現できないと思ったのです。

この計画にそって、最初の就職先は、3年程度で事業全般を学ぶことができる中堅の旅行代理店に決めました。大企業では限られた時間で学べることが一部に限られる、しかし、中堅の企業であれば、商品企画、営業、オペレーション（添乗員）とビジネスのバリューチェーン全般を自ら学び、経験できると考えたからです。

「四大商社のひとつからも内定を得ていたのですが、民間企業に勤めて学びたいことがはっきりしていましたし、時間が限られていたので、商社からの内定は断りました。それでも、家族から反対はされませんでした。結果として、約3年間でしたが、旅行代理店に勤める間、ビジネス全般を広く学ぶことができました」

その後、保育と介護の制度を学び、自分が目指す施設を実現するために法改正をする必要も視野に入れて、それができる立場になるため、国家公務員試験第I種を受験する準備に進みました。公務員試験を受けるため、旅行代理店は退職し、1年間勉強をしました。そして、計画通り、国家公務員I種に合格して、科学技術庁（当時）に入りました。経済産業省が第一希望だったのですが不合格だったので、大きな夢のある宇宙政策にかかわっている科学技術庁にしました。

中川さんは官僚として、科学技術庁だけでなく、経済産業省、文部科学省、そして内閣府など多岐にわたる経験を積み、忙しいながらも、生活は充実していました。

保育と介護の制度を調べたところ、全国にこうした施設はすでに約800あり、保育と介護を組み合わせるというコンセプト自体には新しさがないこと、制度上の阻害要因はなさそうであることを中川さんは知りました。保育と介護を担当するのは同じ厚生労働省でしたが、セクション別の縦割り行政で、両者を融合して考えることがほとんどないこともわかりました。また実際に保育と介護の施設を運営しているところは、オーナーが所有している土地を有効利用するために、保育と介護の両方を運営している場合がほとんどでした。

「保育と介護を合わせた施設は実際かなりあり、制度から考えてこの2つを組み合わせることは不可能ではないのです。しかし、当時の施設の多くは、土地があるから、たまたま保育園と介護施設を持っているというのがほとんどでした。子どもとお年寄りが交流することで生ま

れる力をいかそうという私が考えたコンセプトとは違います。私のビジョンの原点は、甥を保育園に送り迎えした時に子どもの力を知ったこと、特に子どもがお年寄りに大きなエネルギーを与えられることを実感したことですから、現在ある施設は自分の考えるコンセプトとは違うと思いました。

しかし、制度上の問題がないことがわかったのは収穫でした。こうなったら、自分のコンセプトを実現するためには、自ら施設を創って運営すればいいのだとわかったからです。しかし、そうはいってもどこから手をつけたらいいのか、はっきりしなかったので、何にでもあたってみようと思っていました」

中川さんは、ずっと官僚を続ける意思はなく、介護と保育を組み合わせて運営するというビジョンを実現するための10年計画の最中でしたから、機会あるごとに、ビジョンや活動に関心を持ってもらえそうなアントレプレナーなどには常にアプローチして説明していました。必ずしも介護と保育という分野にこだわらず、広い範囲で外部の組織や新しい計画を持つ人などに会うのが中川さんのやり方でした。

私も、２００５年に日本学術会議の副会長を務めていたときに、当時、学術会議に国際担当参事官補佐として出向していた中川さんと知り合い、一緒に仕事をする中で、このコンセプトを知りました。

そうして出会った人の一人がワタミ・グループの渡邉美樹社長（当時）だったのです。渡邉さんはご自身が起業家でしたし、若い人でアイディアを持つ人には常にオープンで、積極的に会っていらっしゃいました。またワタミ・グループとしても介護事業に力を入れるという方針を出しており、実際に事業を開始していたところでした。

渡邉さんは、「中川さんのアイディアは良いし、応援するが、ワタミ・グループではまだ介護事業を始めたばかりで、保育まで手がまわらない」ということで、ワタミ・グループとして一緒に事業をすることはできないが、保育や介護の活動をしている社会福祉法人組織である伸こう福祉会の副理事長である片山ます江さんを紹介してくれました。

紹介された片山さんは、自分が困った経験から無認可の保育施設を運営していましたが、そこに来る母親の話から保育だけでなく、介護が大きな課題であることを知り、介護事業もするようになったという方でした。片山さんは、日本経済のバブルがはじけた後、社員寮を売却する企業が多い中、社員寮を活用するというアイディアなどを駆使して、保育・介護の施設を運営していました。その根底には、自分自身の経験と身近で触れる母親の実際の話や経験から考えだした「保育と介護の組み合わせ」を実現するというコンセプトへの強い情熱がありました。

中川さんは、片山さんと会った時の印象を次のように語っています。

「片山さんはとても情熱的な方ですし、センスも才能もすばらしい方なので、一度お目にかかって、すぐ惚れこんでしまいました。この方と一緒だったら、私の夢を実現することができるかもしれないと強く感じました。いろいろ話をしているだけで、楽しいアイディアが次から次へと出てきますし、時を忘れるほどでした。また、この組織を実際に展開している社会福祉法人の理事長は、ビジネスマンで、経営や数字に強く、パッションを持つ副理事長との組み合わせは理想的だと思いました。

こうしたリーダーが率いる法人はとても魅力的でしたし、この方たちと、自分のビジョンをかなえる仕事をしたい、お二人の経験から具体的なことを学びたい、と強く思いました。こんな方に会えたことはとても幸運だったと思い、この法人に飛び込んでしまったのです」

中川さんは、こうして官僚を辞めることを決めました。いざ退職しようとすると、友人や知り合いの中には、反対する人もかなりいました。「なぜこれだけの地位を捨てるのか、官僚として制度の改革をした方がよいのではないか」などというのが主な反対意見でした。官僚の転職は当時それほど珍しいことではなくなっていましたが、コンサルティング会社やＩＴ企業などへ転職するケースが多く、福祉という分野に行く人はまだ少数派でしたから、こうした反対があるのももっともでした。

それでも中川さんは自分のキャリア戦略プランに従い、官僚を辞めました。「自分のキャリアだし、自分のやりたいことなのだから、あまり遅くならないうちにやめた方がいい。こんな機会はなかなかない」と励ましてくれる親しい友人もいました。当時中川さんには、妻と小さな子どもが二人いましたが、妻も「やりたいことをやった方がいい」といってくれました。

当時を振り返って中川さんは次のように語っています。

「あのまま官僚でいれば安定が望めたし、国をよくするために働くことには、やりがいがありました。でも夢があったので、現場に行きたかったのです」

中川さんは、官僚を辞め、今の社会福祉法人に就職して3年になりますが、初年度は企画や法人の運営に携わりながら、介護の現場を回り、今は保育園の園長をしています。

中川さんが目指しているのは、介護施設と保育園を単に併設するのではなく、共用スペースを広くとって、高齢者と子供が一緒に過ごせる場を持つ施設です。現在は保育園を運営していますが、小学校の併設も目指しています。

「現場で実際に経験を積むと、自分が想像していたことと違うこと、一般にいわれているのが勝手な思い込みであることも多いことがよくわかります。

また、子どもとお年寄りとの交流の機会があってもそれが保育園時代だけでは残念なので、小学校にも広げたい。交流の場所を校庭などに設けたり、授業に交流の時間を組み入れることも企画しています。お年寄りの知識を活用できる科目もありますし、子どもにとっても高齢者にとってもメリットがあると思います。子どもには身近に高齢者がいることで思いやりや介護への理解が増すと思いますし、高齢者には生きがいができるかもしれません。子どもの持つエネルギーは大きいですから」

中川さんは今、学校法人の設立認可申請を準備中で、その用地を確保しようと奮闘中です。また子どもの進学先に不安がある両親のために、中学、高校、大学を持つ学校法人との連携なども検討しています。

＊＊＊

「ORをANDで結ぶ」ために自分のキャリアをデザインする

中川さんは、介護と保育という2つの分野を組み合わせた社会活動を目指しています。この活動自体も2つの課題分野を横断したもので、それを一挙に解決しようというのは「ORをANDで結ぶ新しい組み合わせ」です。やりたいこと、自分のありたい姿、ビジョンがとても明快です。そして、それを実現するために必要と思われる多様な知識、能力、経験を得るために、周到なキャリア戦略プランを立てています。

事業全般を学ぶために中堅サービス企業に就職し、制度を理解するために資格試験を受けて官僚になり経験を積んで、その後、実際に同じような社会活動をしている組織に転職し、企画だけでなく、介護や保育の現場も経験しています。自分のビジョンを実現するために必要な知識、能力、経験をロジカルに考えて、10年と期間を区切ったメリハリのある計画によって、キャリアをデザインし、実行しているのです。資格試験を受ける際の1年間の準備、ビジョンに対する情熱の強さ、きっぱりとした転職の決断力から見ても、テキストに出てくるようなキャリア戦略シフトの良い例です。

中川さんにもその過程では迷いもあったかもしれないし、並大抵の苦労ではないことも想像できますが、徹底して自分のなりたいイメージを追求しています。

「ユニークな組み合わせ」のアイディアを周囲の人に伝えるための「オープン化」

中川さんはビジョンを実現する過程で、周囲の人々に自分のアイディアを説明し、広く外の組織や人を活用しようとしています。どこへでも行き、誰にでも自分のユニークなビジョンを知らせるという「オープン化」を実践しています。人との出会いを求め、周囲を活用していく実行力は尊敬に値すると思います。もし、中川さんが自分のアイディアを内に秘めて、他人に説明せず、伝手を求めなかったとしたら、これまでのキャリア戦略シフトを実現することは難しかったと思われます。

中川さんにも、その過程では迷いもあったかもしれないし、並大抵の苦労ではないことも想像できますが、徹底して自分のなりたいイメージを追求しています。

7

地道な努力、明らかな業績でキャリアを切り拓く

大企業トップという目標があってこその「オープン化」

秋山ゆかり　**日本アイ・ビー・エム株式会社事業開発部長**

1973年生まれ。

1992年年米国イリノイ州立大学アーバナ・シャンペン校在学中から世界初のウェブ・ブラウザーであるNCSA Mosaic開発プロジェクトに参加。

1995年米国イリノイ州立大学アーバナ・シャンペン校卒業（情報科学、統計学）。

1996年国立奈良先端科学技術大学院大学卒業（情報処理学工学修士）。

1996年インテル株式会社にインターネット・アプリケーションエンジニアとして入社。

1998年ＩＴコンサルティング会社プライスウォーターハウスクーパースにＩＴコンサルタントとして入社。

2000年ボストン コンサルティング グループに入社。ＩＴから戦略コンサルタントへ転職。

2004年ＳＡＰジャパン株式会社に転職、経営企画部長として勤務。

2007年一橋大学大学院国際企業戦略研究科博士課程入学。

2008年GE International Inc.に転職 戦略・事業開発本部長として勤務。

2010年日本アイ・ビー・エム株式会社に転職。事業開発部長として勤務。


秋山ゆかりさんのキャリアは、「大企業のトップになる」という明確なビジョンを持ち、それを実現するための力や経験をつけるために、転職を繰り返してきた事例です。転職がそれほ

ど簡単ではない日本において、求める力や経験を求めてキャリア戦略シフトを繰り返してきたことに、読者は驚かれるかもしれません。また秋山さんの学歴、専攻、その後の華麗とも思われる転職の軌跡から、多くの読者には「別の世界」の人のように見える可能性もあります。

しかし、こうした別世界で生きているように見えるビジネスプロフェッショナルが、毎日どのような生活をしているか、どんなことを目指しているか、そしてその原動力は何か、を知ることは、キャリアを考える上で大変参考になると思います。

秋山さんは、米国有数のイリノイ州立大学でコンピューター・サイエンスを専攻し、在学中から世界初のウェブ・ブラウザー開発プロジェクトNCSAモザイク（ネットスケープのブラウザーを開発したマーク・アンドリーセンらが参加したプロジェクト）にインターネット・エンジニアとして参加していました。

当時からIT時代の基礎知識として可能性の大きな（そして日本ではそれを学べる大学が少ない）コンピューター・サイエンスという専攻分野を選んでいた秋山さんですが、在学中のITプロジェクトに参加した経験から、ITに限らない（ITを使いこなせる）ゼネラル・マネジメントというキャリアを目指しました。その背景について、秋山さんは次のように語っています。

「私はいわゆるロスジェネ（1972年から82年生まれ）の一人で、そのメンタリティが強いのです。大学を卒業した時、就職がとても難しい氷河期だったし、社会からはじかれたという印象を持っています。そこで、ITという限られた分野だけでなく、どこにいっても何とかなる普遍的な力を身につけたいと考えたのです」

秋山さんのキャリア・ビジョンは、「大企業で責任あるトップの地位につきたい」というものでした。大学を卒業した1995年が日本では就職活動の超氷河期で、就職活動がなかなか進まず、よりよいインターネットアプリケーションを作るための勉強がしたいと大学院へ進学しました。

しかし、その後も就職状況がよくなる見込みはなく、女子学生にはさらに厳しい就職戦線となったため、新卒ではなく中途のポジションを探していました。2年間の修士課程の途中で就職のチャンスを見つけ、大学院を短期で終了し、1996年に外資系のハイテク会社、インテルの日本支社に就職しました。

ここまでは、ハイテク、インターネットという脚光を浴びた分野を中心としたキャリアを積んでいましたが、その後、短期間にゼネラル・マネジメントの経験を積もうと、コンサルティング会社へと転職しました。

「私もそうですが、ロスジェネの世代は、『努力しても、社会や時代によって報われないことがある』ことを実際に経験して、二極化しています。40代以上の『努力すれば報われる』と思っている世代とはかなり違います。何しろ仕事を見つけるのが大変だったので、そこから落ちこぼれて無気力になってしまったいわゆるワーキングプアのグループもいます。一方、その経験から、打たれ強くなり、逆境があっても何とかする、どんなにひどい状況になっても、必死に頭を使って、どのような会社や職種でも通用する普遍的な力を持とう、何とか自分の居場所を探そうというグループの2つに分かれたようです。

何があっても毎月給料が入る会社に勤めていることは良い、という意識があって、仕事を持つことに執着を持っています。そこでITだけでなくゼネラル・マネジメントの経験、それも短期間でスキルが身につくコンサルティング会社でのキャリアを求めたのです。これから先の長い仕事人生を生き抜いていくには、選択肢を狭めてしまわないことがとても大事なのです。

熾烈な競争にさらされたので、競争意識はもちろん強いですが、組織に帰属したいという気持ちも一方ではとても強いです。私が、大企業のトップになりたい、というキャリア・ビジョンを持ったのも、帰属意識の強さによるところがかなりあると思います。また地位が上がれば、

結果を出す責任は増しますが、逆に結果さえ出していれば、何も文句はいわれませんし、スケジュールの自由度も増して、ワークライフバランスも実現できます」

秋山さんは、ＩＴ系のコンサルティング企業のプライスウォーターハウスクーパースに転職しましたが、同社は会計監査が母体だったので、もっとゼネラル・マネジメントよりの戦略コンサルティングが自分のニーズに合っていると思い、その後2年して、戦略コンサルティングでは世界有数のコンサルティング会社、ボストン コンサルティング グループ（ＢＣＧ）に転職しました。

「コンサルティングということでプライスウォーターハウスクーパースに転職したのですが、実際の仕事はインターネットシステム開発の仕事で、インテル時代とあまり変わりませんでした。私の目標は大企業のトップでしたから、もっとそれに直結する力をつけることができそうなコンサルティング会社の方が良いと思って、ＢＣＧに転職しました。

実際転職しようとすると、同じような経歴を持っている人は市場にたくさんいるので、具体的に何がやりたいのか、何はやりたくないのか、がはっきりしていないと転職は難しいです。私の場合も、なぜＢＣＧに移りたいのか、という明快な理由が必要でした。

ＢＣＧではゼネラル・マネジメントとしての問題解決の経験を積むことができましたが、自分で毎日問題解決ツールのひとつであるロジック・ツリーを2つ必ずつくる、という訓練をしました。

また電車の中で見たスポーツ新聞の見出しから、プロ野球やＪリーグの戦略の違い、チーム間の戦略の違いなどを考えたこともあります。百貨店に行けば、小売店の店の状況やレイアウト（百貨店のアパレル売り場でどんな商品の棚割が多いか、どんな商品がどの程度残っているか）から売上を推測しようとしたこともあります。また、通信業界の新しいアイディアを考えるために、何か参考になるものと探していて、たまたま分子細胞学のテキストを見つけ、アイディアがひらめいたこともあります。

何しろどこにいっても使える力をつけようと必死でしたから」

秋山さんは、ＢＣＧで4年間コンサルタントとしての経験を積んだ後、次の就職先を考え始めました。それは戦略を実現する力を身につけたかったからです。

就職先として、プライベート・エクイティ・ファンドとハイテク企業の両社からオファーをもらいました。どちらにしようかと選択には迷ったのですが、大企業で責任あるトップの地位につきたいというキャリア・ビジョンから考えて、ハイテク企業、ＳＡＰジャパンに転職しました。それはSAPであれば、実務経験、それもターンアラウンドの経験を積むことができると考えたからです。SAPでは、約200人の部下、200億円の売上を任されるに至りました。

私はある会議で同じパネルに出たことから、秋山さんと知り合いました。若く、有能であると同時に毎日ロジックツリーを2つつくるなど普通はなかなか続けられないことを実践している大変な努力家であることを知って、その後、何度か会う機会をつくりました。秋山さんの興味深い経歴を知り、また当時まだ目新しかったブログやSNSについて関心を持っていた私の質問にいつも答えてくれる秋山さんとの交流が深まるにつれ、秋山さんの多才なこと、交遊関係の広さを知ることになりました。また大病をされたことなども知り、常に秋山さんのバイタリティと発想の自由さに感銘を受けていました。

秋山さんは仕事をしながら博士号（DBA）を取得したいと考え、私の所属する一橋大学大学院国際企業戦略研究科に2007年に入学しました。私は、研究活動についての相談にのったりしていましたが、そのころ秋山さんは、研究活動をすると同時にSAPで忙しく働き、実績を積んでいて、目覚ましい昇進をしていました。

その後、秋山さんは、IT以外の業界の経験を持ち、より競争力のある人材になりたいと考え、２００８年にSAPジャパンを退職することとなりました。この間には健康上の問題があったり、ＤＢＡプログラムを休学したり、といろいろと大変なことがあったようです。

ＳＡＰジャパンを退職した秋山さんは、すぐに製造業・金融など多様な事業を展開する世界有数の企業ＧＥに転職し、ＧＥの金融以外のすべての事業の事業開発を担当することになりました。ＧＥの事業は幅広く、そこでの仕事はまさに戦略的なものでしたし、現在注目を浴びているエネルギーやヘルスケアなどの業界を経験でき、普遍的な力をつけるという点では、次のステップに向けての貴重な経験になったようです。

「私は大企業でトップになることを目的にしているので、転職する時は転職先の事業の幅、それから職種をよく分析します。事業戦略の企画もですが、実際に事業を運営する経験、任される売上額、部下の数などを考えてきました。

またどこの会社でも、その上のレベルへの登竜門になる仕事が存在するので、そうした職種に就こうとしてきたのです。ＧＥでも私が担当してきた仕事はビジネス・リーダーを輩出してきたポジションです。３～５年後にはＰＬ（損益）の責任が持てそうなポジションであることが決め手になりました。こうした仕事はそれほど簡単に見つかるわけではありませんが……」

その後、2008~2009年の世界経済の不況の中、GEでは米国本社の戦略転換もあって、多くの事業を売却し、秋山さんが担当している事業がなくなるという状況になりました。

「GEでは、再生可能エネルギー・水・パイプラインをはじめとするエネルギー事業、メディカル事業、メディア事業などでの事業開発（大型のアライアンス、M&A、事業再生など）をしてきました。しかし、リーマン・ショックで、私が担当し成長させようとした事業が、GE本社の意思決定により売却されるという結果になりました。ビジネス・リーダー候補となっていた先がなくなったため、また転職を決意したのです」

秋山さんは、GEから、日本アイ・ビー・エムに2010年に転職しました。景気が悪いときに、この職につくことができたか、について、秋山さん自身は次のように考えています。

「それまでの会社での実績、特に企画だけでなく現場での経験、ターンアラウンドの実績、ビジネス・リーダー輩出のポジションについていたことなどが評価してもらえたのだと思います。ダイバーシティの観点から、女性であること、をアピールしたこともよかったと思います。女性が初めてつくというポジションを今までいくつか経験してきましたが、『本当にできるの

か』という懸念は常に持たれています。その意味では女性であることのデメリットもありますし、私の意見を聞いてもらえるようになるまで、かなりの努力が必要です。

あまり最初から大きな目標を掲げず、10億円くらいのビジネスからやりたいといったことも、現実的だと考えられたのでしょう」

＊＊＊

「ユニークな組み合わせ」を意識しての明確なキャリア・ビジョンと着実なステップ

秋山さんのキャリア戦略は、当初から大企業のトップになるというビジョンが明確で、それを実現するために、計画的にかつ臨機応変に次々と職業を求めてきています。テキストにあるようなキャリア戦略シフトです。

就職活動はたまたま氷河期のタイミングでしたがそれにもかかわらず、自らの武器であるインターネット関連の開発と海外での豊富な経験という「組み合わせ」をいかして、新卒にも関わらず、中途採用の枠でハイテク企業インテルに就職しています。

その後の転職を見ると、分野を広げることを意識し、現場・実務の経験を求め、しだいに責任範囲を拡大しようとしてきたことが明らかです。また、次の仕事で得ようとする知識・技術・

経験などが明確で具体的であり、ハイテク、ＩＴ系コンサルティング、戦略系コンサルティング、多角化企業とそれを実現できる企業や職種を選んでいます。

職種も、秋山さん自身のビジョンであるビジネス・リーダーになるために、各社でビジネス・リーダーの登竜門となっている仕事を目指し、その地位を選んでいます。インターネット・エンジニア、コンサルティング、ハイテクでのターンアラウンド、買収売却など、21世紀のビジネスプロフェッショナルが持っていると望ましい資格や経験を積んできていますが、これは、たまたまそうなったのではなく、秋山さんの「ユニークな組み合わせ」を意識した明確なキャリア・ビジョンと戦略プランがあるからです。

「オープン化」で人脈ネットワークを広げどんな環境でも明らかな実績を積む

秋山さんが、こうした仕事の機会を継続して与えられてきたのは、ほとんどの仕事で誰の目にも明らかな業績をあげ、担当するビジネスの規模を、「段階的に」広げてきたからです。常に直接その分野の専門家に会いに行くという極めてオープンな姿勢を持っています。分子細胞学のアナロジーが通信業界の新しいアイディアに使えるのではないか、とひらめいた時も、分子細胞学の専門家にコンタクトして、直接会いにいっています。こうした「オープン化」の姿勢によってコンサルティング業界など、人の出入りが多く、ネットワークの価値が高い分野で、秋山さんの実績や実力が、かなり広い範囲で知られるようになったことも機会が与えられる大きな要因です。

また、秋山さんは、多方面に対する興味も徹底していて、声楽はプロ、有名コンクールでも入賞し、サントリーやオペラシティなどの日本の有名なホールで公演したことが何度もあります。

『ミリオネーゼの仕事術』（ディスカバー・トゥエンティワン）、『稼ぐ力の育て方』（PHP研究所）などの本も書いており、若い人の間では知名度も高いようです。交友範囲もとても広く、その体験話を聞いていると、まるで、映画のようではないか、と思われるほど、奇想天外なこともあります。

「ORからANDへ」を実現するには地道な毎日の努力、ディシプリンが鍵となる

秋山さんの転職先はいずれもよく知られた企業で、華麗ですが、インターネット・エンジニアからゼネラル・マネジャーへという「ORからANDへ」を実現できたのは、その背後にある地道な努力によるものです。

秋山さんは、前述したように、２社目の戦略コンサルティング会社では、問題解決のツールを用いて、毎日解決案のためのアプローチを最低２つ考えるという課題を自分に与えて、それを実行しています。また、常に問題意識を持ち、身近なところにも問題解決能力を開発するための材料を求めています。あらゆる場、時間を用いて、自分に必要な能力を高めようとしているのです。

秋山さんのキャリアを見ると、明快なビジョンがあることはもちろんですが、そこに至るまでに多様な業界を組み合わせ、ビジョンを実現するために必要な知識、能力、経験を着実に得ようとしていることがわかります。毎日の生活の中で、身近なものから、地道な努力を重ねていること、それを継続していることが皆さんの参考になると思います。

身近な材料を使い、常にオープンな姿勢をもって、活動を続けるか、アイドル時間をそのままとしてしまうか、常に考えるという姿勢を持つか持たないか、によって、能力の開発には大きな差が生じます。毎日の地道な活動やちょっとした機会を利用した問題解決の考え方のスキルアップによって、まだ30代ですが、秋山さんは、責任ある地位をどんどん任され、キャリア・ビジョンに近づく経験を積み上げているわけです。

ここまで私が今までに知った7人の若者のキャリア戦略をご紹介してきましたが、7人の物語から、次のことがおわかりいただけたのではないでしょうか。

・自分が主役と思って、自分の好きなこと、やりたいこと、ありたい姿をキャリア・ビジョンの原点として行動している。
・同時に、キャリア・ビジョンが夢に終わらないように、好きなこと、得意技、やりたいことを用いて生計が立てられるように試行錯誤している。
・常に自分のオープン化を心がけ、新しい世界、分野に踏み出している。
・最初から明らかなキャリア・ビジョンがなくても、自分の得意技を見つけ、それを伸ばすような行動をとっている。
・必ずしも、テキストにあるような体系的、整理されたキャリア・ビジョン、戦略、プランにしたがっているわけではないが、機会を見過ごさず、何らかの行動を起こしている。
・予想や計画と違ったら、方向転換、軌道修正することにやぶさかではなく、行動が速い。
・意識しているかは別として、自分とは、何が自分の特色か、ユニークさか、考えており、結果として、「ORをANDにする」自分らしい組み合わせ、「ユニークさ」を見つける途上にある。

PART 5

私自身の「キャリア戦略シフト」

「オープン化」「ユニークさ」を求めてきた旅

PART5では、私自身が20代、30代にやってきたことを、この本で提案してきた「オープン化」、「ORをANDにする」、「ユニークさ」というキーワードから、振り返ってみます。

私が20代、30代だった当時は、時代環境も今とはだいぶ違うので、できることにも限界があったし、必ずしも私自身が「キャリア戦略」として意識して考えてきたり、実行してきたりしてきたというわけではありません。

でも今から考えてみると、外の世界を求めるという意味での「オープン化」や、新しい組み合わせ（必ずしも「ORをANDにする」ではないですが）を模索することによって、自分なりの「ユニークさ」を探そうとしてきたこともありました。

もちろん、そうした試みがうまくいったことも、いかなかったこともあります。そのあたりを紹介しながら、「今の（年齢は別として）私が、20代、30代の私にキャリアについてアドバイスするとしたら何をいうか」という仮定のQ&Aをしてみたいと思います。

今振り返ってみると、私の20代、30代は、明確なキャリアやこうした仕事がしたいというはっきりしたビジョンがなかったため、キャリアというより自分の人生のための手段や力を身につけようとする活動と、さまざまな仕事にあたってみるという2つに分けてみることができそうです。

外国に行きたいので英語を身につける
10代後半〜20代前半

英語を勉強したくて上智大学外国語学部英語学科に入ったものの、学生時代の私には明確なキャリアのプランはありませんでした。子どものころから外国に行きたいという思いはあったので、能勢まさ子さんが留学経験を書いた『パパとママの娘——女子高校生のアメリカからの手紙』（光文社）などを夢中で読み、高校時代からAFSなどの留学生試験を受けていましたが、先輩たちが高校から留学する中、私自身はいつも不合格でその機会は得られませんでした。

英語は、両親から「英語だけはちゃんとやりなさい」といわれたこと、新しいものなら何でも好きな私は中学で初めて習う科目である英語に大きな期待をしていたこと、最初に英語を教えてくれたアメリカ人女性の先生がとてもかっこよかったこと、そして使っていたテキストがきれいだったことから、かなり熱中していました。好きで一生懸命やっていたので、成績もよく、学内外の英語のスピーチコンテストに出たこともありました。

また、音楽が好きで、中学生のころビートルズが華々しく登場し、「ウェストサイド・ストーリー」などミュージカル映画が次々出た時代だったので、レコードを買っては、歌詞を覚えて英語の歌をよく歌っていました。意味はわかっていませんでしたが、好きな曲を歌いたいと丸暗記していました。イベントで友人と一緒にビートルズのまねをして好評だったこともあります。

英語は一生懸命やっていましたが、留学したいという希望は漠然としたもので、それが就職やキャリアに結び付くかについては、はっきりした意思も希望もなく、「夢」のようなものでした。2000年代とは違って、就職活動がすべてという状況でもなく（特に女子学生だったからかもしれませんが）、大学の1、2年の間は、宿題が毎日出て出席のチェックの厳しい英語のクラスについていくことと、英語力をつけるためにESSのクラブ活動に熱心なごく普通の学生でした。

1960年代後半、日米安保で学生運動が盛んだった私の大学時代は、それまで学内紛争とは無縁と思われていた上智大学にも史上初めて機動隊が入り、学内封鎖が数カ月続くというように、騒然としていた時代でした。そこで、大学3年のころからは、学内紛争で揺れるキャンパスには行くことができず、いろいろなアルバイトに精を出していました。アルバイトをしたのは、夏休みの語学研修に行く資金を作るためでした。

キャリアを考えるきっかけとなった留学

学内紛争で騒然とする中、大学3年の時に、大学の交換留学制度で1年間米国カンザス州、セントメアリ大学に留学する機会が得られました。子供の頃からのあこがれであった海外留学が大学3年でやっと実現して、20歳だった私は、1年間、日本人がほとんどいないカンザス州のカトリックの女子大でクラスに出席し、寮で暮らしました。

私にとっては、自宅を離れ海外で暮らす初めての経験であり、60年代末のアメリカは、ジョン・F・ケネディ大統領の就任から始まった希望に燃えた良き時代から、ベトナム戦争の泥沼化が明らかになり、ヒッピーの時代になりつつあり、ケネディ大統領、ロバート・F・ケネディ司法長官、マーティン・ルーサー・キング・ジュニア牧師と立て続けに暗殺事件が起こり、多くの人が米国に不安を抱いている時代でした。

ケネディ大統領から始まった「人類を月に送る」、「人種差別のない社会をつくる」などの理想とベトナム戦争の泥沼化は対照的で、あちこちでいろいろなデモをやっていました。

そのころ、学内紛争が続く騒然とした日本から米国へ行ったわけですが、私の留学先のカンザス州の女子大学は、当時私が報道などで知っていた米国の潮流とはかけ離れた世界でした。ベトナム戦争は続いていますが、大学の周辺はとても平和で、日本から来た私に「ケチャップはこれ」と教えてくれる親切な人たち、誰でも受け入れる前向きなアメリカを体感しました。

中学、高校がフェリス女学院で、上智大学のESSにもいて、留学する直前には、英語で授業をする夜間部の聴講をさせてもらい、自分では英語の力はついていると思っていましたが、いざ本場に行ってみると、ほとんど通用せず、毎日図書館に通う日が続きました。

多様な世界や現場を体感する「オープン化」

この留学経験で、それまで狭かった自分の世界が一挙に広がりました。大統領選挙のボランティアをした女子学生から、その経験がどれだけ興奮するものだったかを聞き、米国の広さや米国人の積極性、楽観的な姿勢を実感しました。海外に1年間住んでみて、またすぐ海外に行きたいと思い、仕事についても世界で活動することが身近に感じられるようになりました。

またそれまではテレビのホームドラマなどで見て想像するしかなかった米国の人々の暮らしを自分の目で見て、ホームドラマの世界だけでない、貧困の実態を一部垣間見ました。

留学する直前にたまたま上智大学でとった社会学のコースが興味深く、米国なら社会学が進んでいるだろうという軽い気持ちで、「社会変革と少数民族」のコースをとってみました。「少数民族」といわれてもなんのことかわからないところから始まり、ラディカルな社会変革の話などが出てきました。個人プロジェクトでは、警察と黒人（アフリカ系アメリカ人）の関係について、カンザスシティに住む、かなり急進的な黒人の牧師さんにインタビューをしました。

当時はまだ人種差別がかなり残っており、このコースの先生が、黒人貧民街の一角に市民センターを作り、そこに暮らしていたことは、普通の白人からすると、想像できないことでした。

人種差別の実態について何も知らなかった私は黒人の牧師さんのインタビューなどを通じて、

それまで知っていた「アメリカ」と全然違う社会があることを知り、それまで聞いていたアメリカと実際のアメリカは違うことを知りました。

また、はじめて一人で外国に行ったわけですが、親しくなった友人がクリスマスやその友人の結婚式などに誘ってくれることにも感動しました。裕福でない家庭でも私を家族と同じようにわけ隔てなく歓迎してくれる。年中行事や結婚式など楽しいイベントをともに祝う、という米国社会のオープン性を深く身を持って感じました。この時の経験は、その後、祖国や家を離れている人に対して自分も同じようにしようと心に決める強い力になりましたし、広い意味で私が「オープン化」を目指すきっかけになったと思います。

自分の意見、意思決定が大切と知る

また、自宅を離れて米国で暮らした経験が自信につながりました。映画や本の感想など簡単なことについても常に意見を聞かれるという経験は日本ではほとんどなかったので、戸惑いました。最初は何といったらよいのかわからず、とても困ったのですが、しだいにそれぞれの人にはユニークな意見がある、それを聞こうとしているだけで、「正しい答え」や「正しい意見」があるわけではないことがわかってきました。

また、何か聞かれた時に明らかに自分にはできないこと、誘われた時に行けないことがわかっていても、はっきりした返事をしない（でも私自身は断ったつもりだった）ということが最初のうちはよくあって、後になってお互いの思い違いに困ったこともありました。こうした経験から、はっきり自分の意見をいう、断る時は断るという習慣が身についたと思います。

また、それぞれの人のユニークさには優劣がないことも感覚としてわかるようになってきました。この経験は、「キャリアでも人生でも決める自分が主役である」、「ユニークさは皆がもっているもの」と知るそもそものきっかけになったと思います。

1年の留学期間が終わった後、「社会変革と少数民族」のコースの先生の黒人貧民街にあるセンターに居候して、夏の間、ボランティアプログラムに参加しました。黒人の子供たちを無料の施設（プール、公園など）に連れていって、一緒に遊ぶというもので、この時の仲間は高校生の女の子でしたが、私よりもずっと成熟しており、責任感も強いことに感銘を受けました。途中で車が故障しても何とかしなくてはならない、何とかしたという経験もありましたが、自信にはつながりました。

通訳というフリーターになる

就職については、3年の時に米国に留学したので日本に帰ってから卒業まで1年半はあると思っていたところ、大学の留学制度であるため、米国留学中に取得した単位を上智大学で認めることになり、予定より早く、半年で卒業してしまいました。その結果、日本での就職活動にはまったく出遅れてしまいました。

当時は、今と違って、秋からでも就職活動に参加することができましたが、自分なりのキャリア・プランを持っていなかったこと、女子学生が就職できる会社や職種が限られていたことなどから、就職活動は当時女子学生の就職先として花形だった日本航空など数社を受けただけでした。準備不足もあり、常識を試される筆記試験では不合格、何とか面接までいった会社も「何年勤めるかわからない」などと「正直に」答えすぎたこともあって、不合格になってしまい、大学は卒業したけれど就職先がない、という状況になってしまいました。

「何が何でも正社員としての就職を目指す」という時代ではなく、また「世界を舞台にできる、プロフェッショナルな仕事（当時はプロフェッショナルという概念ははっきりしておらず、組織の一員ではなく何か専門知識を持つ仕事という意味でしたが）につきたいなあ」などと漠然と思っていたこともあり、すぐに就職できなくても、挫折感はそれほどありませんでした。

といっても何かしなくてはならないので、当時アポロ計画などで脚光を浴び始めていた同時通訳の専門学校に行き、フリーで通訳や翻訳の仕事を始めました。まったく経験がないのにフリーで仕事をすることは難しいので、実家に住んでいたこともあり、高校生相手の家庭教師をして、何とかやっていけるだけの収入は得ていました。

このころは、海外に関する仕事がしたい、一度限りではなくプロセス全体を見る仕事がしたい、プロフェッショナルとして、組織に属するのではなく、個人で仕事をしたいという、漠然としたビジョンはありました。しかし、具体的な仕事のビジョンが明確ではありませんでした。そこで、今でいうフリーター、ニートのようなかたちで通訳や翻訳をしていたのです。このフリーター生活は、大学を卒業してから7年間続けました。

多様な一流の人たちとの出会い

フリーターの経験は、多様な分野で一流の人に直接接触できるというまたとない機会を提供してくれました。会議やセミナーはその分野の専門家が一堂に会して行われるので、分野のリーダー、一流のプロとはこういう人たちなのだということがわかりました。有名な人の中でも本当にすばらしいと思う人もいれば、「なぜこの人が？」と思う人もいました。この時の経験から、一流の人、モノに触れる機会がどんなに大切か、それが仕事やキャリアの機会を開いてくれることを実感しました。

特に、通訳の仕事を通じて、キャリア・ウーマンのパイオニアのような女性に何人か接する機会がありました。まだキャリア・ウーマンの数が日本では少ない時代でしたが、「ああいう人になりたい、ああいう仕事の仕方をしたい」と思った人も、「ああいう人にはなりたくない」

と思った人もあります。いずれもキャリアを持つ人々だったので、こうした印象から、「何がこの2つのグループで違うのだろうか」と考え始めました。

違いは、大企業かフリーかという仕事の仕方や、職種や業界などではなく、生活のバランスがとれていて、仕事と家族、パブリック・プロフェッショナルとプライベートの両方の世界を持っている人が、私には魅力的にみえました。この発見は、ANDの世界を垣間見たという意味でも、自分のキャリアを考える上で、とても参考になりました。

フリーターという仕事を通し、多くの人に出会う機会があったことは、自分のキャリアやライフスタイルのビジョン、あこがれの対象、反面教師などを実際に見ることができたという点で、貴重な経験でした。また仕事柄、外の世界に向かってオープンであることが求められたため、仕事を始めた当初から、会社に勤める人とはまったく違う経験ができました。

個で勝負するプロ意識を学ぶ

セミナーやインタビューの通訳はプロジェクトごとに一日のフィー（通訳料）が決まっていました。私は組織に属していないフリーターだったので、自分でフィー（当時としてはかなり高額）に見合う仕事をしなくてはならず、プロジェクトの結果によって、その後仕事がもらえるかどうかが決まることを痛感しました。また遅刻をしたり、穴をあけたり、体調が悪く結果が出せない場合はフィーは支払われないわけですから、請け負った仕事は何としても全力を尽くし、一定の品質基準を満たさなくてはならないことを学びました。

そのためにはかなりの準備が必要ですが、フィーは準備のためには支払われません。また仕事の現場では自分以外に頼れる人はおらず、仕事の成果の責任はすべて自分に返ってきます。今になって考えると能力不足で高額のフィーに見合う成果が上げられなかったと思う仕事もありますが、自分以外に頼る人がいない、個で勝負するという自覚は、フリーターをしていた時に養われました。

またクライアントがあってこその仕事なので、一緒に仕事をした人、特に能力や経験などがすばらしいと思った人とのコンタクトを維持することや、今でいう「ネットワークづくり」にはかなり力を入れていました。

こうして同じ仕事をする仲間やクライアントなどとのネットワークがかなりできてくる中、最初の3年が過ぎ、仕事にも慣れ、年間を通してプロジェクトが計画できるようになり、収入も安定してきました。時々は、海外のテレビ局の報道番組のアシスタントなど、目先が変わってエキサイティングな仕事をすることもあって、仕事には満足していました。

そのころ、米国のテレビ局の仕事をすることが何度かあり、通訳という以上に制作アシスタントとしてプロデューサーの手伝いをしたことから、東京でホテルを対象に英語で有線放送をする放送局で制作アシスタントをする仕事を数年続けるという機会も開かれました。

常に新しい仕事ができる、多様な分野に英語を仲介として触れることができる、みずから意識してオープン化をしようとしなくても多様な機会が開かれるというキャリアは、専門的スキルを持つプロフェッショナルに与えられる、すばらしい機会だと思います。自分なりに「オープン化」の価値を知り、そのための道具である英語という手段やコミュニケーションのやり方を学ぶことができたわけですから。

通訳の限界を知って、キャリア転換を図る

20代後半

フリーターで通訳や翻訳、一部企画的なことをするようになって5年くらいが経ったころ、20代後半になって、翻訳や通訳という仕事に限界を感じ始め、「私のキャリアはこれでよいのか」と自問自答し、次の道を模索し始めました。このまま仕事を続けていて自分のユニークさが出せるのか、この仕事を私は本当に好きなのか、疑問が生じてきたのです。

「通訳」というコミュニケーション自体を扱う仕事は、私にとってはあまり広がりがない、通訳する内容や専門家の議論の方を興味深く思うようになったからでした。

事前に会議のための資料を読み、おおよその内容を理解してから始めるのが会議通訳の鉄則で、そのために専門職としてかなり高いフィーをいただいていたのですが、語られている内容の方が「橋渡し」よりエキサイティングだと感じ始めたのです。また、文化的な会議やセミナーより、ロジカルな考え方で話が進むため、通訳でもフォローしやすいビジネス、生産、技術関連の方々の話に大変興味をひかれている自分を発見しました。

プロジェクトごとの通訳や翻訳の仕事の中でも、その仕事の何が好きなのか、がしだいにわかってきました。通訳の仕事で好きだったのは、いろいろな分野の一流の人に会える、今その分野で脚光を浴びているホットな課題に触れられる、そのために知識（そしてフィー）が得られることでした。

新しいことを学んでいる準備の段階や会議自体の緊張感や会合で意見がいろいろ出るのは興味深く、エキサイティングだと思っていました。ということは、訳する内容に興味があったわけで、どのように伝えるか、という通訳や翻訳の技術自体にはあまり関心がないことに気がついたのです。コミュニケーションのメディアや手段よりも、コンテンツの方が自分は好きらしいということがだんだんわかってきて、それからの仕事の方向性を考え始めたのです。

選択肢を探す中での幸運な出会い

周囲で通訳や翻訳をしている人は女性が多かったのですが、次のキャリア・ステップとしては、自分で通訳会社を経営するか、結婚して家庭との両立を図るか、あるいは言語やコミュニケーションの専門分野により深く進むか、というオプションのどれかを選んでいるようでした。

しかし、私の場合、このオプションのいずれもピンときませんでした。それは、本当に好きなことは、コミュニケーションのかけ橋ではなくて、伝える内容らしいということがわかってきていたからです。今の仕事には限界を感じるが、次の道が見えないというもやもやした状況の中で、さらに1、2年仕事を続けているうち、幸運な機会に遭遇しました。それは慶応ビジネス・スクールがハーバード・ビジネス・スクールの教授を招いて、京都で開いた流通セミナーの通訳をしたことから始まりました。

初めてビジネスのケース討論を知って、これほどおもしろいものはないと思い、熱中してセミナーの準備や仕事をしていました。同じセミナーを数年続けるうち、ハーバード・ビジネス・スクールの教授（ドイツ人）と親しくなり、キャリアの話をする機会がありました。

「何に興味があるのか」と聞かれ、「ビジネスで利益を上げること」と答えたところ、ビジネス・スクールへの留学を勧められました。当時、ビジネス・スクールやMBAは日本ではほとんど知られておらず、私自身、このセミナーを通じて得た知識しかなかったため、「ビジネス・

スクールなんて（とても自分には考えられない）！」と答えました。教授は「ビジネス・スクールに行ってみて嫌だったら、日本に帰ってきて今の仕事を続ければよい」、「行く気なら、推薦状を書く」といってくださいました。

この2つのコメントに、私の心は強く揺さぶられました。自ら推薦状を書こうといってくれる人にめぐり合うことは人生でもそれほどないだろうし、「だめなら帰ってきて……」というコメントは説得力がありました。失うものはなさそうだし、新しいことにチャレンジする機会が目の前に登場したと感じたのです。大学を卒業し、フリーターとして仕事を7年続けていた1978年のことでした。

バージニア・ビジネス・スクールへの留学

たまたま開かれた機会をとらえ、ビジネス・スクールに応募書類を出したところ、ハーバード、スタンフォードは落ちましたが、バージニア大学のビジネス・スクールに合格することができました。通訳の仕事が立て込んでいる中、合格通知が来た時点で初めて、計画を両親に伝え、あわただしく、準備をして、バージニア大学に出発しました。

留学という意思決定は、簡単にしてしまったように見えますが、今が潮時ではないか、と感じられることが、実は仕事の面でもプレイベートでも重なって起こりつつありました。仕事では、長年依頼されていたセミナーがたまたまいくつか同時に終了して、「潮目が変わった」という実感がありました。また20代半ばから結婚はしたいと思っていましたが、当時は決まったボーイフレンドがいなくて、プライベートでも日本に心を残すことがありませんでした。両親はまだ若かったし、自宅もちょうど建て替えて1年住んだところだったので、タイミングもよいと思いました。

また大学時代の留学経験から、またぜひ留学したいと考えていたので、留学資金も2年くらいならば自分で賄えるほどの貯金があり、経済的にも両親に負担をかけないで済む状況でした。

完璧な計画でなくても新しい道を求める

私は、それまでのキャリアをやめて、MBA留学という新しい道を進んだわけですが、キャリア・ビジョンがはっきりとしていなくても、仕事をしていく中で、新しい機会は現れるし、それをつかむことは誰にでもできます。そうした機会に気がつかなかったり、準備が十分できていないなどという理由で機会を逃してしまうことも多いようです。

当時あまり深く考えずに、「ケース討論は好きだし、ビジネスにも興味がある、うまくいかなければ日本へ帰ってくればよい」と考えたこと、実現のための障害（費用、プライベートな状況など）がほとんどなかったことが私にとっては幸いでした。

「資格を取る、キャリアを伸ばすための留学」というよりは「気分転換のための留学」に近かったともいえますが、新しい機会が現れたら、あれこれ悩まずに、新しい道を試してみよう、という私の姿勢は、この経験から、さらに強まりました。

皆さんには、いい加減と思われるかもしれませんが、外の世界に触れるという自分自身の「オープン化」、「新しい機会が開かれたら試してみる」という姿勢をここでもとりました。

私のようにフリーターからキャリアを転換するというような場合には、何か新しい知識や技術へのチャレンジが必要なことが多く、その期間は、ほとんど収入がありません。それまで仕事をしていれば、自分の価値が下がったように感じるかもしれません。でもこれは次の飛躍のための助走だと自分でも納得することが大事だと思います。

私にとっては、たまたまそのころ、クラス会で聞いた高校の恩師の言葉が、大きな励みになりました。高校を出て10年目のクラス会で、担任の先生が、「女性は30代をどう生きるかが、それ以降の人生を決める」とおっしゃったのです。私がビジネス・スクールに行こうと思ったのは20代後半だったので、「なるほど、ビジネス・スクールという新しい場にいってみると、今まで考えていたのとはまったく違う30代の世界が開かれるかもしれない」とおぼろげながら感じました。こうしたちょっとした言葉は先の道に迷っている時に大きな力になると感じます。

また新しいことにチャレンジするとうまくいかないこと、予想と違うこともありますが、それは当たり前なので、留学するすべての条件が整うまで待とう（たとえば、準備が全部できてから行こうとか、ハーバードやスタンフォードに受かったら行こうとか）とは思わなかったので留学という行動に移せたのだと思います。完璧を望まない、臨機応変に何とかやってみることも大事だと思います。

バージニアMBAプログラムでの苦労

通訳からのキャリア転換を目指して行ったバージニアのMBAプログラムですが、新しい知識や技術を得ることは想像以上に難しく、当初は自分の実力のなさに愕然とし、厳しい生活に驚いて、時間との戦いに明け暮れていました。

最初の1週間に、どうやっても到底できないほどの宿題が出たこと、それまで日本人学生は2人いたのですが、いずれも2年では卒業できなかったことを聞いてしまい、両親に電話をして、後から送ってもらうはずだった荷物は送らなくてよい、といったほどでした。「だめなら帰ってまた元の仕事をすればよい」と考えてきたビジネス・スクールでしたが、1週100時間以上勉強しないとついていけないと教授にいわれ、アメリカ人の学生が100時間以上勉強しなくてはならないのだとしたら、企業に勤めた経験もなく、英語力も劣る私は一体どうしたらよいのだろうか、と途方に暮れてしまいました。

第1学期が今までになく厳しい経験だったのは、時間のなさ、毎日のプレッシャーに加えて、答えがわからないこと、自分がコースをパスできそうなのか、がまったくわからなかったからです。数カ月の間、こんな闇の世界で勉強を続けるのはとてもつらい経験でした。

また日本のように、悩んでいる人がいたり、ついていけない人がいたら誰かが助け舟を出してくれるという環境ではなく、問題を自分で感じたら、自分からイニシアチブをとって解決しなくてはならないというアプローチが、日々の生活にまで徹底されていました。

幸運な出来事によってリカバー

厳しい状況が半年くらい続き、毎日挫折しそうになりながらも、何とか努力を続けているうちに、幸運な出来事が続き、ケース討論やビジネス・スクールでの生活のコツが次第にわかってきました。

バージニア・ビジネス・スクールではクラスのほとんどがケース討論の形で行われましたが、第1学期が半分くらい過ぎたころ、あまりにクラスで貢献できないので、その悩みを教授の所に相談しにいきました。その結果、次の週のクラスで指名される機会をもらいました。その時、たまたまケースの分析と結論を結び付ける発言ができて、クラスの後訪ねた教授に褒められたことが、何とかやっていけるのではないか、という希望を持つひとつのきっかけになりました。

クリスマス休暇の後、第2学期が始まって第1週目、1学期に成績のよくなかったコースでも幸運な出来事がありました。

ある日、分析や結論は十分できていなかったのですが、夜も遅く、もう準備をやめようか、と迷った日がありました。その誘惑はかなり強かったのですが、気を取り直して、またケースの分析に戻り、何とか自分なりの結論を出してから寝ました。翌朝、そのコースでたまたま私が最初に指名され（コールド・コール）、20分ほど、そのケースの自分なりの分析と結論をクラス全体に対して説明しなくてはならないことになりました。前の晩、一応結論まで考えていたので、分析と結論を説明することができ、一部分析の間違いもありましたが、大筋のロジックはしっかりしていました。

まちがいはありましたが自分でも何とかやれた、と感じたこの経験は、それからビジネス・スクールでリカバーし、その後良い成績をおさめられるようになる大きなきっかけでした。

ケース討論とは、結論へのロジックさえしっかりしていれば、どんな意見でもよい、答えがひとつというわけではなく、違った解釈や判断を持ちより、議論することによって、問題を解決していくひとつのゲームなのだということがわかりました。このゲーム性を知ったことによって、それまでも「ああいえばこういう」というスタイルの議論が好きだった私は、ケース討論のコツをつかむことができました。この経験も「正しい答えがあるわけではない」、「それぞれユニークな見方や解釈の仕方がある」、「各人の意見や見解は貴重で、皆と違った見方は新しい世界を開くことがある」という考え方がしっかり根付くきっかけとなりました。

同時に、徹夜してまで準備をしても、クラスで機転のきいた発言や議論を新しい方向に進める発言ができなければ、結果が出ないことがわかりました。そこで睡眠時間を確保したり、学ぶ意欲が高く、一緒に勉強するのに適当な友人たちとスタディ・グループを作って、毎晩、各人がそれぞれ十分考えてきた後、1時間程度、次の日のケースの準備をするようになり、効率的な時間の使い方ができるようになってきました。週末も気分転換のための運動をしたり、パーティなどにも少しずつ行くようになって、メリハリの利いた生活をするようになったのです。

好きなこと、ユニークな特色への一歩

バージニアでのＭＢＡ生活は、自分に向いている場があること、本当に好きなことを発見したという点でもとても意義がありました。

最初の一学期の苦労は大変でしたが、だんだん状況がわかってくると、それまで通訳や翻訳をしていた活動の多くがビジネスに結び付いていること、通訳という専門職を仕事としていたことから、ひとつの会社に勤めていたより広い分野に触れていたというメリットを感じました。

経営について体系的に学ぶのは初めてでしたが、それまで自分が触れてきたことがビジネス

そのものだったことがだんだんわかってきましたし、それこそ私が夢中になり、時間を忘れることだ、と実感が持てました。この実感は、それからのキャリアに大きな影響を与えました。海外のビジネス・スクールで得た知識と日本での経験を組み合せること、つまり、「ORをANDに」への一歩を感じたのです。

MBA卒業時の就職活動

バージニアでMBAを修了したのは30歳近くでした。MBAの学生のほとんどが就職活動をする中、当初の挫折しそうな状況からリカバーして、バージニアで2年生となった秋から、新しいキャリアを求めて、日本でもビジネスを展開している多国籍企業を中心に就職活動を始めました。多国籍企業の日本支社で社長のアシスタントという、MBAの最初の仕事としてはとても恵まれた良いオファー(内定)をいくつかいただきました。通訳という仕事から転換したいと思って飛び込んだMBAのプログラムを終えることができそうだということはとてもうれしいことでしたが、次のキャリアはと考えた時に、いくつか疑問が起こってきました。

当時は1970年代末でしたから、女性であること、MBAが日本ではなじみがないこと、外資系はただでさえ本社と日本支社の関係が難しいこと、微妙な交渉力や政治力が必要なのに私にはそれほどの経験がなかったことなどから考えて、日本支社の社長のアシスタントから次のキャリアを始めても、あまり成果が出せそうにないと思いました。

そこで、多国籍企業でも日本以外で仕事を始めるポジションを探し始めました。同時に、バージニアに行く以前から頭の片隅にあった「将来は大学や大学院で教えられるとよいなあ」という希望が頭をもたげてきました。しかし、そのためには、就職活動に加えて、博士課程に行くというオプションを考えねばならなくなりました。

バージニアの教授陣に博士課程に行くことを相談したところ、全員が自分の不幸な博士課程時代を思い出して、「楽しい生活ではないけれど、それでも行きたいなら応援する」、「有名で、規模も大きなところに行くのがよい」というアドバイスを受けました。そこで、ハーバードの博士課程に応募することにしました。

応募書類には、ハーバードのケース・スタディ方式を日本はじめ世界に広げる、など私自身の今までの経験がユニークだと思わせるような目標を書いたり、推薦状を書いていただく方も日本の慶應ビジネス・スクールの片岡一郎校長先生（当時）、私の直前の実績をよく知っているバージニアの教授など、組み合わせに細心の注意を払って準備しました。3月の寒い時期にボストンに行き、ハーバード・ビジネス・スクールで面接を受け、合格することができました（同時に応募したスタンフォードは、何もつてがなかったこともあって、不合格になりました）。

ハーバードの博士課程へ進む

30代直前で、多国籍企業に就職という道から、ハーバードの博士課程へと転換しましたが、それは博士号を持っていた方が、世界のどこでも、個人で何とかできるプロフェッショナルになれる可能性が高いと思ったこと、大学や大学院で教えることに関心があり、そのためには、博士号が必要だからでした。組織に属するキャリア・ウーマンの道よりも、個人で勝負するプロフェッショナルになりたい、その方が企業に勤めるよりも、仕事の自由度が高いのではないか、という期待もありました。

ここでつかまないと二度とめぐってこない機会、選択肢がなくなることも意識しました。ハーバードは伝統があり、誇りの高い組織でもあるため、入学の延期や辞退をしたら、ハーバードに行く道は閉ざされてしまうと思いました。でも、博士課程がうまくいかなくても仕事は何とか見つけられると思ったので、「今しかない」ハーバードに行くことに決めました。「ボストンはいい所だから、気に入らなかったらやめればよい」というバージニアの教授のアドバイスも「殺し文句」になりました。

私はそれまでいわゆる「エスタブリッシュメント」には無関係で、新興でも自分が気に入ったところや入れてくれるところ（上智大学、バージニア大学など）での経験しかなく、さすがに米国でも有数のエスタブリッシュメントの中のエスタブリッシュメントであるハーバードに行くことにはいくぶん気後れしていました。しかしこの教授の「ボストンは……」を聞いて、その通りだなと思い、結局ハーバードに行くことに決めました。30歳になっていたので、大きなチャレンジをするための時間が限られているという実感もありました。

この進路変更は、MBAの典型的な就職口ではなく、それまでまったく知らなかった世界に世界に乗り出して、博士課程で博士課程で新しい知識や能力をつけようと考えたこと、それまでまったく知らなかった給料が得られてキャリア・ウーマンへの道が開かれるという可能性を短期的ではありますがあきらめた、という点で、広い意味で未知の世界に一歩踏み出す「オープン化」を実践しようとしたと思います。

30代前半
思っていた以上に難関だったハーバード

新しいキャリアを目指すために必要な知識と資格をと思って進んだハーバードの博士課程は、MBA以上に難関でした。最初から初めてのエスタブリッシュメントの経験に気後れしていることに加えて、学者になるための訓練を受けていませんでしたし、日本の学界とはまったく縁がなく、さらにハーバードで最初の試験に落ちてしまったため、最初の数カ月は自信を失ってしまいました。バージニアのビジネス・スクールでの最初の数カ月が辛い経験だったと同様に、ハーバードでの最初の1年も大きな試練でした。

特にMBAプログラムのように同じ苦労をする仲間がいるわけではなく、ごく少数の博士課程の学生からなるプログラムは、私が好んだケース討論とは違って、文献を読んでは議論するというセミナーの方式が中心だったこともあり、かなり苦しいものでした。しかし、同学年の学生2人とともにボストン大学の博士課程の数人ともスタディ・グループをつくって、一緒に勉強するようになってから、MBAと違って予定がたてこんでいない（だから自分なりのディシプリンが必要な）博士課程の生活にもメリハリが出てきました。

博士論文という怪物

何とか、博士課程のリズムに慣れ、資格試験にも合格し、ハーバードにいって2年目後半から博士論文に着手したのですが、博士論文の完成はそれまでに経験したことのないほど大きなチャレンジでした。

テーマを研究しているのは自分一人、指導教官は多忙でそれぞれ一家言を持つ3人、その3人の教官に論文の原稿を読んでもらって、コメントをいただかなくてはならない、という博士課程によくみられる苦労に加えて、私自身、書くことがそれほど好きではないことが重なって、博士論文はなかなかはかどらず、ただむなしく年月がすぎていくような気がしました。その間にラドクリフ大学の職業人向けプログラムで教えるようになり、その方が楽しく、明らかに成果が出るため、エネルギーを割いてしまい、さらに博士論文が進まなくなってしまいました。

米国の社会科学系の博士課程では、資格試験に合格した人の半分しか、博士論文を終えていないという統計もありましたが、博士論文はそれだけに集中し、自己を厳しく規律して完成することが不可欠であり、「オープン化」はそれを妨げることを教訓として得る結果になりました。

こうして2年以上たつうち、このままではどうしようもないので、何とか状況を打開しようと考えて、真剣にキャリアを考え始めました。博士号は通常大学や大学院で研究・教育をしたい人が取得するものですが、それまでに、私は学術的な研究者としてのキャリアより、実務に近い研究や教育に興味があることがはっきりしてきました。また、6年間米国の大学という環境にいたこともあって、場所も変えたいと考え始めました。

仕事を決めてしまって退路を断つ

新しいキャリアの道を考えたのは、自分のユニークさがなければキャリアを進めることが難しいこと、米国という同じ土俵で戦ったら、米国人の優れた人とは競争にならないことを痛感したこと、私のユニークさは、欧米のビジネスの考え方を用いて、日本企業のビジネスを説明すること（「ORをANDにする」）、また国籍を限らず世界での事業展開を進める活動に参画することだという結論を自分なりに出したからでした。6年間も離れていた日本に一時的にでも帰って、今の日本や日本企業の状況を自ら見聞きし、大学以外でできることを探そうと考え、外資系経営コンサルティング会社のキャリアを考え始めました。

運よくマッキンゼーからオファーをいただき、数カ月後の1985年夏から東京で仕事を開始することになりました。博士論文が終わっても終わらなくてもボストンからは帰ろうと決めていましたが、何としても論文を終えて6月に卒業し、7月から仕事を日本で始めようという目標がはっきりしたので、指導教官3人にも6月までに終わりたいと宣言しました。忙しい3人の教授陣も私の覚悟を知って、原稿をどんどん読みコメントをして返してくれるサイクルができあがりました。それまではある教授はこの章が良いといい、別の教授はその章が気に入らないということが起こった時にどうしてよいかわからず右往左往していましたが、終わっても終わらなくても帰る覚悟を決めたため、教授に対してもはっきり意見をいうようになりました。

そうして、3人の指導教官の承認をいただき、ギリギリのタイミングで製本をするという離れ業をして、6月の卒業に間に合って、博士号を取得することができました。

世界で勝負できそうな自分のユニークさを見出す

ハーバードでの経験は私のその後のキャリアやライフスタイルに大きな影響を与えました。アカデミックな理論や業績で一流の学者になることが私の夢やありたい姿ではないし、そのためには実力が不足していることがはっきりしました。また、世界でも一流のすばらしい人たちが何人もいるハーバードという場所の力や雰囲気とはこういうものかと身をもって知ることができました。

通訳というキャリアを転換したくてたまたま行ったビジネス・スクールでしたが、MBA、DBAと続けるうちに、自分の本当に好きなこと、得意そうなことが以前よりはっきりしてきました。一人でこつこつとする仕事よりも、忙しく時間に追われていても、人との交流がかなりある仕事が好きなこと、自由時間が限りなくあり、論文を書くという規律ある生活をして成果を出すための克己心が私には欠けていること、専門家と一緒にチームで仕事をする方が好きだし、向いていそうなことなどです。

また長い冬、一人で悩みつつ論文を書くのは孤独な戦いで、それまでにしたことのない自分への挑戦でしたが、退路を断って努力すれば私でも何とかできること、完璧を目指すよりも、とにかく終えることに意義があることもあること、などを知りました。

マッキンゼーで本格的なキャリアをスタート

30代後半

20代のほとんどと30代はじめは、フリーターとしての仕事と自分の専門知識や力をつけるために費やしたわけですが、30代後半で本格的なキャリアを始めることになりました。

アメリカでの通算7年間の留学を終えて、日本に帰り、すぐに経営コンサルティングの会社でコンサルタントとして仕事を始めたのは30代半ばでした。私が入社したころマッキンゼーはちょうど日本で評判が確立されつつあるころで、各業界のトップ・グループの企業がクライアントという恵まれた時代、日本支社創立時からのパートナーも30代後半から40代初め、スタッフは全員が20代から40代初めまでで、何をするにもエネルギーがあり、皆が「常に時間や仕事に追われる」生活をしている活気のある良い時代でした。

とてもエキサイティングな時期に入社したのですが、私は最初に配置されたいくつかのプロジェクトではまったく成果を上げることができず、何をどうしたらよいかわからないし、7年ぶりの日本の状況はそれまで親しんできた米国のプロフェッショナルの世界とは違い、戸惑うことばかりでした。3つ目くらいのプロジェクトで何とか少しコツを覚え、コンサルティングの魅力がわかってきたと思いましたが、またそのあとのプロジェクトではまったく成果が出せず、このままではコンサルタント失格と思い始めていました。

仕事でも家庭でも新しい道・役割を模索する

通常のコンサルタントとしては、このままいったら失格で、会社をやめねばならない（経営コンサルティング会社はいわゆる「Up or Out」方式をとるので、いくつかプロジェクトで成果が出せないとやめるように勧告されます）と思っていましたが、ただ退職するのではなく、この会社で何とか自分の場を見つけ、特色を打ち出す道はないかと模索しました。

ちょうどその時に担当していたクライアントから、戦略や組織の提案を実行できるマネジメント人材のスキル開発をしてほしいという要請があったので、それに飛びつきました。幸運なことに、新しいプログラムは社内のサポートも得られ、クライアントにも好評だったため、やっと自分のユニークさや力を発揮でき、コンサルティングの本流ではなくても、自分自身がクライアントに必要とされる存在になれたという実感を持てました。

そのころ、たまたまハーバードの博士課程時代に会った日本企業のトップ候補と親しくなり、その人が米国での20年近い仕事を離れ、日本に帰って外資系企業のトップに就任することとなりました。幸運に幸運が重なって、その人と結婚することになったのですが、こうしたプライベートな出来事がある中、仕事では、本流ではないにしろ、パートナーをはじめ多くの方のサポートで、クライアントにセールスする機会、新しいコンセプトを社内外で売り込み、小さくても事業全体を見る機会を得ることができたのは、タイミングからしても非常に幸運でした。

経営コンサルティングは続けられない

マッキンゼーで私がイニシアチブをとって始めた新しいプログラムは当時のバブル景気にも後押しされて、クライアントからの要請もあり、将来のめどがついてきました。このままいけば、コンサルタント失格かと思っていた私でもパートナーへの道が開かれてきたか、と思い始めたころ、キャリアを考え直さなくてはならない状況になりました。

第一に、外部の事業環境として、バブルがはじけ、日本経済の状況が急に悪化し、コンサルティングのニーズが変化してきたため、私が始めたプログラムのニーズがなくなりそうになってきました。自分のユニークさを生かせる道を見つけたと思いましたが、その将来の展望が危うくなってきたのです。

また、結婚した時から夫が慢性の病気を患っていることは知っていましたが、5年がすぎたころから健康状況が悪くなり、検査の結果、遅かれ早かれ手術が必要となることが明らかになりました。夫の病状は予想以上に悪く、手術も大きなリスクが伴ったため、クライアントのプロジェクトを細々と続けるだけで、マッキンゼーは1カ月休職することにしました。

それまでは経営コンサルティングという要求度の厳しい仕事をしていたため、かなり無理なことを頼んでいた夫の健康が回復できないことがわかって、もう一度私の求めるライフスタイルとは何なのか、を考え始めました。また、一緒に新しいプログラムを担当していた仲間が30代で脳出血を起こし、半身不随になってしまったことは、「健康」を当たり前のものと考えてきた私にとって、もうひとつの大きな衝撃でした。

大学で教える仕事へのキャリア転換

クライアントからのニーズにも陰りが見え、経営コンサルティングでのキャリアの展望が見えず、これではパートナーになれそうにないと考えるようになり、ライフスタイル全般として、キャリアと家族との生活をどうバランスさせるか、時間に余裕がない中、どう優先順位付けをするか、もう一度、私自身は何をしたいのか、を考え直さなくてはならなくなりました。

私の理想は、仕事と家族との生活のバランスがとれることであり、仕事ではやりがいのある、自分のユニークさがいかせる、人から評価されることをしていて、同時に、家族を大事にする生活を送ることでした。仕事は大事ですが、いざとなればほかにも代替案があります。しかし夫は私にとってかけがえがない存在であることを実感しました。どちらかをとらなくてはならないのであれば、間違いなく夫との生活を第一に考えると決心がつきましたし、それも夫を大事に「思っている」だけでなく、実践しなくては意味がないと感じました。

コンサルティングの仕事をこれ以上続けてもパートナーになれるという先の見通しがないと思い、キャリア転換を考えるようになったころ、たまたま新しくできた青山学院大学の社会人対象の大学院で講師をしないか、という話をいただき、マッキンゼーに在籍したまま、会社の許可を得て、大学院の講師を始めました。そのころになると、夫の病気の深刻さがわかり、経営コンサルティングはもはや続けられないと自分でもはっきりわかりました。

そして、講師をしていた青山学院大学で専任を探しているという話を聞いて、すぐに転職を決めました。時間が迫っていましたし、私が学界で経験がないというハンディもありましたが、各種の手続きを一橋の竹内弘高教授、青山学院の伊藤文雄学部長のサポートでスムーズにできたのはとても幸運でした。

キャリア転換は「自分の意思」と自覚する

この時、私は40代前半でした。経営コンサルティングは、私にとって扱う課題も興味深いし、一緒に仕事をする仲間も優れた能力の人ばかりで、意欲も高く、またこの分野では世界に冠たるグローバル企業で働いているという充実感もありました。その世界に入った以上はパートナーを目指したいと思っていましたが、一方、自分の時間がない、家族との生活とのバランスがとりにくいという問題が常にありました。

大学や大学院で教えるという目標は、ビジネス・スクールにいたころからの目標とするキャリアのひとつではありましたが、ハーバードで博士号を取得した時点で、研究者のキャリアを目指すことはやめようと決めていました。

しかし、一年間、非常勤講師として大学院で教える機会が与えられ、ビジネス・パーソンを対象とする大学院で専任の職への道がたまたま開かれたことは、キャリアを転換するまたとない機会であるとも感じました。キャリアの目標を転換するにあたっては自分を納得させる必要もありましたが、このキャリアの転換は「自分の意思」で決めたことであると自覚し、「夫の病気のためにキャリアをあきらめるわけではない、事業環境も変わり、それまでやってきたコンサルティング会社でのスキル開発プログラムへのニーズも低下すると思われるので、ちょうど良いタイミングでコンサルティングから大学へ転換ができる」と考えました。

家族のために自分の目指すキャリアを歩めなくなったという感じを持つと、一番大切な家族というサポート・グループとの関係にひびが入ってしまいます。「自分で決めたことで、誰のプレッシャーによるものでもない」と意識したわけです。

病気だった夫とは、その後10年以上非常に充実した生活をすることができましたが、キャリア転換に対して後悔や恨みが残っていたら、このような結婚生活はできなかったと思います。

青山学院大学への転職

青山学院大学では国際政治経済学部の教授として、社会人を対象とする大学院と学部の授業を担当しました。社会人を対象とする大学院は平日の夜と土曜日に授業があり、英語のケースを用いたケース討論をしたり、米国ピッツバーグにあるカーネギー・メロン大学大学院で行われているマネジメント・ゲームを青山で並行して行うコースの担当をしたりしました。企業に勤めるビジネス・パーソンが必要としている実践的な授業が求められていたので、企業でのコンサルティングの経験やハーバード・ビジネス・スクールで訓練を受けたケースを用いた教育方法、またマッキンゼー時代に実際に企業のマネジャーに教えた経験など、私のユニークさをいかす場が得られたように感じました。

私のコースは宿題が多く、どんどん指名するので準備が大変で評価が厳しいという評判はたちましたが、それでも受講を希望する学生は多く、とてもやりがいがある生活でした。といっても入って一年目は、それまでの経営コンサルティング時代の生活とあまりに時間や効率の概念が違うため、面食らったことも多々ありました。

青山への転職の機会を拓いてくれた竹内教授からいただいた「最初は、教育で評価されるようにするとよい」というアドバイスを心に留め、最初の1年は大学の行事や必要な活動を知る機会にしようと考えました。

当時はまた、たまたま夫が病気で療養中に家で看護しながらできることとして、本の執筆をしていました。マッキンゼーで2年ほどやっていた、組織変革を確かなものにするために必要なマネジメント革新のためのスキル開発プロジェクトがそのテーマでした。病人の看護は時間もエネルギーもとられるもので、外に出て気分転換がしにくかったので、書くことで気持ちを発散させていた面もあるかもしれません。出版社の編集者の多大なアドバイスとサポートを得て、目次や章立ては決まり、細かい点を加筆修正するまで進んでいました。

退職時は周囲への配慮、細心の注意が必要

私にとって初めて属した組織であるマッキンゼーを退職する時は、緊張し、やめるという意思をどのようにトップに伝えたらよいのか悩みました。しかしトップも「このままでは会社に残ることはできないだろう」と考えていたらしく、青山学院大学の教授に転職するという私の話を聞いて、サポートしてくれたことは、夫の病気、一カ月間の休職、今後の病状の展望などで緊張状態が続いていた私にとって、ほっと安心できる出来事でした。

退職の了承をいただいた後、書きためていた本の原稿のドラフトを持ってマッキンゼーのト

ップ数人に相談したところ、マッキンゼー所属のままで出版するようにと許可をいただいたのも、とても幸運でした。

それまでにも退職する人を何人も見ていましたが、中には会社や周囲のことを考えずに自分の都合だけでやめるタイミングを決めてしまったり、後でその仕事を続けようとしても書類などが整理されておらずまったく引き継ぎができない状態でやめてしまう人もいました。周囲に迷惑はかけないようにしよう、将来またこの会社の人と一緒に仕事ができるような関係を維持しようと強く肝に銘じていたので、私はそれまで担当していたプロジェクトが誰にでもわかるように書類を整理したり、機会を与えられれば若手を対象に自分の経験を話したりもしました。

やめる直前にはオフィスの全員を対象に、自宅でパーティを開いたところ、夫のことも皆よく知っていたこともあって、予想の3倍くらいの人が出席してくれました。準備した食事や飲み物がまったくなくなってしまっても、夜中にまだ連絡をくれる人がいたのは、とてもうれしいことでした。

キャリア転換は自分で決めねばなりませんが、周囲の迷惑にならないようにすること、やめた後でも良好な関係を維持できることは鉄則だと思います。

初めて組織に属したマッキンゼー社から大学へというキャリア転換は、私のキャリア戦略に対する考え方に大きな影響を与えました。特に周囲との関係、潮目が変わった時、予想もしない機会が現れた時にいかにすばやく意思決定するか、の重要性はこの時も痛切に感じました。

10代後半〜30代までのキャリアを振り返って

10代後半から20代、30代と私自身のやってきたことを紹介しましたが、キャリアや目指すライフスタイルに必要な知識、力、手段、資格をつける活動と実際の仕事が入り組んで行われていることがおわかりいただけるでしょう。

日本の外には何があるのだろう、それを自分の目で見たいと漠然と思って、そのための手段ともいえる英語の力を中学・高校時代からつけようと思ったこと、大学での留学経験による世界の広がり、通常のキャリアには乗り遅れた中でのフリーターの経験、次のステップに移るためのMBAとDBAの取得、初めて組織に所属した経営コンサルティングにおける経験、DBAを取得したことが初めて価値を持った（と思った）大学でのキャリア、プライベートな生活とのバランスなど、仕事をする中で学んだこと、仕事を通じてつけた力も数多くありますし、また仕事を中断して資格をとったことから新たに開かれた仕事もあります。

私の場合、若かったころの時代背景もあって、それほど明確なキャリア・ビジョンは持っていませんでしたが、好きだと思うこと、興味があること、やりたいことで、収入が得られることを追いかけているうちに、多様な新しい世界や人々に触れることができ、そこからまた新しい機会が開かれてきています。

新しい機会が開かれた時には、目標がはっきりしていなかったこともあって、あまり深く考えずに（いい加減に）試してきたことが、新たな能力を得たり、仕事への道に結び付いたこともあります。同時にやりたいことをやるために必要で役立ちそうな手段（留学資金）や力（英語やGMATなどの基本的な力）をとりあえず身につけようとしたことも、機会が現れた時にそれをつかむことを可能にしてくれました。

どんな道が開かれるかわからなかった時に幸運な出会いがあったことにも、助けられてきています。出会いから新たに飛び込んだ世界で自分が好きなこと、うまくできそうなこと、ユニークさをいかせそうなこととそうでないことがはっきりしてきて、次のステップを考えたこともあります。

本書のテーマである外の世界に触れる、自ら多様な世界を体験してみる「オープン化」は、大学時代の留学、フリーターとしての仕事、ビジネス・スクールへの留学など、博士論文を書いている時など限られた時代を除いて、私の基本姿勢になっています。

また周囲に惑わされず、自分で進む道を決めてきたこと、キャリアや人生は自分が主役であり、それぞれにユニークな生き方があるという確信は、大学時代の留学経験と、さまざまなキャリア・ウーマン、プロフェッショナルを身近に見たり、一緒に仕事をすることから、しだいに強いものになっています。自分のキャリアは自分で決めるという考え方は、何度かキャリアの方向を転換してきた中でいつも私のよりどころになっています。

やりたい仕事、目指すキャリアは若いうちにわかっていればその方が望ましいですが、はっきりしていなくても、大まかな方向さえわかっていれば、いろいろな経験をしたり（オープン化であり試行錯誤）、新たな力をつける中でしだいにわかってきます。

また、「ORをANDにする」自分の「ユニークな組み合わせ」は、広い世界で多くの経験を重ねることによって自分自身で見極められるようになると思います。

10代～30代の自分へのアドバイス
「こうすればよかった」と思うこと

しかし、今から考えてみて、若いころに、「こうすればよかった」と思うこともいくつかあります。それはこれまでの経験やこれからの世界を考えてみて、これから世界で活躍するためには、以下のような要件があると思うからです。

―ある分野について専門家としての知識を持っていること
―世界の課題について自分自身の意見を持ち、意見の相違にかかわらず世界の課題について意見を発信、どこの国の人とも共有、議論することができること（現実的には言語は今のところ、グローバルなデファクトである英語を身につける必要があると思います）
―自分の国の歴史、文化などについてある程度の知識を持ち、意見を持っていること
―自分の人生やキャリアについて、目指す方向や求める姿のイメージを漠然とでもよいから持っていること
―世界にある多様な文化、生活習慣などについて、受け入れる寛容さを持っていること
―自分についても他人についても変化を認められること
―自分を客観的にみることができ、いくら深刻な問題についても、ある程度の余裕を持った考え方ができること
―新しいことに積極的に取り組む気概を持ち、実践すること
―できるかどうかわからないことに対しても機会を与えられたら、まずそれをつかもうとすること
―困難や難しいことに直面しても、何とか状況を分析し、解決案を考えて、実行に移す気力・

体力を持つこと

――失敗や挫折から何か教訓を得て、次の機会には二度と同じ失敗を繰り返さないように軌道修正できること

ずいぶん長いリストだと思われるかもしれません。これではとても無理と思われるかもしれません。もちろん私自身もこうした要件を今満たしているとは思ってはいませんが、これは理想です。今私が若かったらこうした力をつけようとするだろう、そのための要件ということで考えていただければ良いと思います。

でも今の私から、10代〜30代の私にアドバイスをするとすれば、次に挙げるような勉強をしておくべきこと、またキャリア戦略シフトへの心がまえ、準備をしておくといいということを強調しておきたいと思います。

一般教養、ITリテラシーを身につける

2011年の時点で私が10代後半から20代だったら、歴史、哲学、文学などのリベラル・アーツ、経済・数学・物理など伝統的に理論が確立されている分野の知識や教養をもっと重視して学びます。それは、21世紀は分野を広く見る視野が必要ですし、そのためには基本になる知

識を持っていなければならないからです。また、古典をじっくり読んで学び、議論する時間と余裕があるのは学生時代だし、それを過ぎてしまうとなかなかまとまった時間をとるのが難しくなるからです。

私の学生時代は、一般教養の重要性への理解が足りず、基本的な知識は、米国に留学していた1年間に集中的に勉強しただけでした。今になって、その重要性に気がつき、本を読んだりはしていますが、もっと若い時にしておけばよかったと思います。

自分の国である日本の歴史や文化についてもっと学んでおけばよかった、触れておけばよかったとも痛感します。学校時代、基本は学んだはずなのですが、印象がなく自分のものとなっていないと感じるからです。また美術や建築に実際に触れる機会をもっと多くつくっておけばよかったとも感じます。

それは、基礎となる知識を持っていれば、多様な世界や分野に触れる意義がさらに増してきますし、自分の理解している基盤と新たに知った世界の関連性を常に考えることができるからです。常に比較対照して違いを考えることができれば、それぞれの良い点を深く知ることができるし、多様性、それぞれのユニークさを理解できると思うからです。これは「ORをANDにする」というテーマとともに、「オープン化」の基礎をなすものだからです。

基本的な力として身につけておけばよかったと思うのはITリテラシーです。ITは言葉と同様に21世紀に不可欠な手段ですから、インターネットというインフラや検索、アプリケーションソフトなどの基本的な仕組みを理解し、自分で使える程度のリテラシーは必要条件です。

梅田望夫さんが『ウェブ時代をゆく』（ちくま新書）で指摘しているサイト構築能力、実験ができるほどバーチャル経済圏の理解、新しい技術についての解説を読んで独学できるくらいまでの理解とプログラミング能力を身につけるのが本当は理想だと思います。プログラムやアルゴリズムの詳細を理解することまでは必ずしも必要ではないと思いますが、だいたいの構造や概要、考え方を知っておくと、問題が起こっても何とか対応できます。

毎日のように新しいデバイス、ソフト、インフラが登場する中ではそのほとんどをマスターすることはできませんが、問題が起こった時に自分で解決できなくても、どう助けを求めたらよいか知っている、実際それで解決できるという自信を持つくらいのＩＴリテラシーが必要だと思います。

早い時期にキャリア戦略シフトを考える

私は就職活動に遅れたり、失敗したことからフリーターになり、7年間それを続けました。フリーターという仕事のスタイルは、専門プロフェッショナル予備軍として学ぶ点が多かったと思いますし、今の私のプロフェッショナルとしての考え方の基盤となっています。その点で通訳や翻訳の仕事を個人でするフリーターという経歴はよかったと思いますが、それを7年間もする必要はなく3、4年でよかったと思います。

2011年は世界のスピード感覚が以前よりずっと速くなっていますから、ネットワーク化ができて、収入の安定した仕事の基盤をつくる期間は3年程度で十分だと思います。

前述の要件を満たすには、場を変える、いろいろな人と実際に遭遇する、多様な経験をすることが必要です。ただ場や組織を移ればよいということではありませんが、ある程度のリズムをもって、自ら「変化」を求めることが不可欠だと思います。若い時期には時間は限りなくあるように思われますが、急激な変化に対応し、困難にチャレンジし、失敗があってもそこから学ぶことができるためにはエネルギーも体力も必要ですから、あまり長い間（私の場合、7年も）ひとつの場所にいる必要はないと思います。

自分が活躍できる世界を広く考える

世界で活躍するための要件をみると、「世界」とのリアル、バーチャル両面での接触が不可欠です。そこで、活動の範囲は日本に限らず、最初から世界を考えます。1970年当時、世界はまだ遠い存在でしたし、今脚光を浴びているアジアなどの新興経済国は未開の地域でした。そこで米国への留学を希望したのですが、今ならば世界全体をバランスよく体験できる機会を探します。特にＩＴ先進国である米国、ＥＵによる壮大な地域圏の存続という点でヨーロッパ、今最も活気があり成長性も高いアジアの国々のそれぞれを実際に体験できるような仕事や留学の体験を求めます。中南米、中東やアフリカも例外ではありません。２０１１年時点のオープン化とは、米国中心ではなく、世界へのオープン化だからです。

たとえば水を飲むことはもちろん、水道では歯を磨くこともできない国での経験は、きれいな水がどれだけ貴重なものか、を知るきっかけになりますし、電気の供給が不安定な国で過ごすと電気が安定供給されることの価値を自ら感じる機会になります。自分の生まれた国、体験している国や都市が「世界」ではないこと、当たり前と思っていたことが得られない状況でどう対応していくか、体調を崩しても次の時には細心の注意をしたり、前もって準備しておくことの必要性などを自ら体で感じるからです。

いろいろな国や地域に行ってみると、知らない土地で、困ったことが起きたときに自らどう立ち直るか、そこから次にはどんな準備をするか、という体験が得られ、それが自分への信頼、自信につながる一番良い方法だと思うからです。

確固とした専門分野を目指す

私が自分のキャリアを振り返って一番痛感するのは、確固たる専門分野とそこでの一流の地位を目指すための基本をもっと若い時から学んでおけばよかったということです。私は今、事業戦略や競争力を専門としていますが、その中のあるひとつの分野においても圧倒的な知識、理論、実績をもっているわけではありません。

国や地域、営利非営利を超えた広い分野で考えた事業戦略や世界の課題を解決し、それぞれの国や地域、企業が競争力を持つための戦略を考え、それを実施するという点ではある程度のユニークさは持っていると思いますが、残念ながら、ある分野を切り拓く新しい理論、膨大な実例の集積、この分野はこの人しかいないという専門を持っているわけではありません。

そこで、国際会議などにおいても分野を融合する議論をリードしたり、多様な意見をいかしながら話を進めていくモデレーターなどの役割はできますが、世界レベルでその分野を代表する基調講演者になる基盤はありません。もう一度10代に戻れるとしたら、世界で認められるような専門家として深い知識を持つための努力をしていると思います。こうした圧倒的な専門があってこそ、分野を俯瞰してみることのできる力がいかせると思うからです。

自分の特色を積極的にアピールする

私の場合、目指すキャリアがはっきりせず、フリーターという得体のしれない仕事をしていたこともあって、仕事の実績として挙げられるものが30代のはじめまではありませんでした。

そのため、自分のセールス・ポイントを見出し、それをアピールするという活動が不可欠でした。情報通信技術が一層進化し、音声、動画とも情報にすぐアクセスできるようになった今からもう一度考えるとしたら、自分なりに「ORをANDにする」ユニークな組み合わせをわかりやすい形で世界に示し、実績を明確に示すことができる方法を活用したいと思います。

またORをANDにする原点となる世界でユニークと思われる専門分野は前述したように深みが不足しています。これだけ世界がオープン化してくると、「深さと幅」のレベルがよほど高くないと、ユニークな特色として世界にアピールすることが難しいです。積極的にアピールすることとともに、そのコンテンツの質が問われています。そこで、アピールする方法を考えるとともに、常にコンテンツをバージョンアップしようとしていると思います。

青山学院、一橋ICS、そして慶應へ 40代からの「キャリア戦略シフト」

私は40代はじめに、経営コンサルティングから青山学院大学へとキャリアを転換しましたが、その後もキャリア戦略シフトを2度しています。40代以降になってもキャリア・ビジョンを変え、キャリア戦略をシフトする機会はあるということを、私自身の例で紹介してみましょう。

一橋大学大学院国際企業戦略研究科への参加

青山学院には8年在籍しましたが、2000年に国立大学（当時）初の専門職大学院として、一橋大学大学院国際企業戦略研究科（ICS）が英語でMBAのプログラムを開始した時に、一橋大学に移りました。その理由は、ICS創立時の研究科長がそれまでハーバード・ビジネス・スクール、マッキンゼー、青山学院大学などでお世話になっていた竹内弘高教授であって創立時に声をかけていただいたことももちろんありますが、世界を対象とした日本初のプロフェッショナル・スクールというICSのコンセプトを知って、ぜひ参加したいと思ったからです。

日本には世界に冠たる企業がかなりあり、日本経済も米国に次いで世界第2位の規模（当時）なのに、日本の高等教育は世界での地位が低く、特に大学院は研究者養成が中心で、ビジネス・スクールやロースクールなどのプロフェッショナル・スクールがほとんど存在しませんでした。その結果、急成長が期待されているアジア諸国の若い人は皆欧米のビジネス・スクールに行ってしまっていました。また日本の学校制度は、4月から新年度が始まり、授業はほとんど日本語で行われるなど、世界の潮流とは異なる方式で運営されており、世界から留学生を受け入れるというスローガンを実現する体制が整っていませんでした。

そこへ登場したのが一橋ICSです。世界の学生を対象にするため、秋から新年度を始める、授業はすべて英語で行う、「西洋と東洋」、「理論と実践」、「ニューエコノミーとオールドエコノミー」など2つの世界に橋を架けるというICSのコンセプトは私にとってもエキサイティングなものでした。また、低迷が続く日本の高等教育に一石を投じるというもうひとつの目標も、国の将来を決める鍵は教育であるという確信を持っていた私にはとても魅力的なものでした。

特に私は青山学院でも社会人対象の大学院が開始された初期に参加したように、新しい場、新しい組織をつくることにひかれていたため、ICS創立からのメンバーの一人となりました。

ICSでの10年間はエキサイティングであり、私のキャリアにとっても、事業戦略という一般的な専門ではなく、ハーバードの恩師であるマイケル・ポーター教授の始めた「競争力」のコースに関与することによって、新しい特色をアピールできるような機会が与えられ、自分のユニークさへの一歩を進むことができた仕事でした。

大学だけでなく、日本学術会議の会員に選ばれ、さらに1年間国際担当の副会長をするという機会を得て、それまではまったく無縁ともいえた日本の学界にも接触ができ、世界経済フォーラムなど国際的な組織への参加、政府の審議会などへの参加の機会も飛躍的に増えました。

それまでの世界とは私自身のネットワークの広がりがまったく変わり、一方、世界環境もオープン化、加速化する中、世界での自分のユニークさを考えることが増え、実践する機会が提供されたことは自分自身のキャリアの展開からも予想もできないことでした。

ＩＣＳで創立から10年を過ごし、新しい時代が始まる中で、私は次の「場」を模索していました。ＩＣＳでの仕事は毎年が実験の繰り返し、試行錯誤や失敗も多々ありましたが、新しいことにチャレンジできるという点ではとても楽しく、やりがいもあるものでした。しかし、常に新しい世界を求める、外に自ら出ていくことを信条としてきた私は、新しい研究科長の下で新体制になり、これから新しい10年を歩むＩＣＳには、自分は必要ないと思っていました。それはどんな組織でも新しいリーダー・グループがゼロベースから新たなビジョンを創り、それを実行していくことが必要だと感じていたからです。

また私自身それまでは7、8年くらいで転職を繰り返してきたので、10年は最長となり、新しい場に行きたいと思っていたからです。さらにいえば、企業でトップがあまり長い間その地位にいすぎるとどんなに優れた人でも弊害の方が多いという事例を多数みてきたからです。トップの世代交代が組織には必要であり、代わったら、その前のリーダー・グループは皆その組織から去るべきであるというのが私の持論でしたし、またそうしないトップに対して、批判的なコメントをしていたので、自分が持論を実践しないわけにはいかないと思ったのです。

慶應義塾大学大学院メディアデザイン研究科への転職

そのころ、たまたま一緒に活動をする機会を得た慶應義塾大学大学院メディアデザイン研究科（ＫＭＤ）の委員長兼教授である稲蔭正彦さんに声をかけていただいたのは、とてもうれしいことでした。私自身、『戦略シフト』という事業戦略の本を書き、「新しい時代には、ハードやものづくりを超えて付加価値のあるコンセプトや社会システムをデザインする必要がある」と提案しており、そのためには事業戦略以上の知識が必要だと感じていたからです。

メディア・デザインは、新しくできた研究科で、テクノロジー、デザイン、マネジメント、ポリシーと私が必要だと思っていた分野の融合を掲げていました。そこで、２０１１年4月からＫＭＤに移籍することにしたのです。これが私の最新の「キャリア戦略シフト」です。

まだ始まっていないので、どうなることか、どんな世界が開かれるのか、そこでやっていけるのか、期待にこたえられるのか、など心配や懸念は多々ありますが、やりたいと思っていることを試してみる機会や場を与えられていることは幸運だと感じています。またこれまでやってきた競争力や事業戦略、そして人材開発など、いろいろな分野のテーマが融合しつつあり、その中で自分のユニークさ、新しい組み合わせが考えられそうな気がしています。

実は、数年前に「私は、本当はプロデューサーになりたかった」のだと気がつきました。ミュージカルやイベントなどの仕事は、コンセプトやメッセージを創りだす創造性、それをかたちにするデザイン能力、それを広く一般にマーケティングしてお客様にアピールする力、毎日細かい点にまで注意を払いながら舞台や会議を実施していくオペレーション能力、そしてそれを続けていけるだけの利益をあげるという点でのビジネス・センスが必要なので、とてもエキサイティングな仕事だと感じていました。プロデューサーはそれを司令塔として統括する仕事なのではないか、と思って強い魅力を感じてあこがれてはいましたが、私自身は訓練も受けていないし、経験もないから、夢でしかないかなあと思っていました。

しかし、最近の私はエネルギーのかなりの部分を、日本の若い世代の人たち、日本という国の長所、見るべき点を、世界各国の人々が理解し、評価できるように、パッケージとしてデザインすることに使っています。毎年1月にスイスのダボスで年次総会を開催している世界国際フォーラムやPART3で紹介したグラミン銀行とのプロジェクトをしている大学生のグループ、TFT、2010年に1年かけて六本木アカデミーヒルズでやった若い人を対象に教育、貧困など世界の課題を考え、解決案を実行しようというグローバル・アジェンダ・セミナー、そして、ビジネス・スクールの卒業生や在校生を組織化しようとしているMBA no WA! などを通じて、最近、私が力を入れている活動が、プロデューサーの仕事に近いのでは、と実感しています。

優れた企業、優れたグループ、優れたコンセプトなどを多くの人々に知ってもらいたいと思って、あまり深く考えずにこれまでやってきたことが、プロデューサーの仕事と共通点があるのではないか、と気がついたのです。

もしも私が30代のときにそれに気づいていたら、「プロデューサーになること」を自分のキャリア・ビジョンにして、本格的にその方向に焦点を絞って取り組んできたことでしょう。でも、今からでも決して遅すぎるわけではないと思っています。それは何歳になっても「なぜできないのか」と自分に問い、常に好奇心をもって新しい行動を始めることができると確信しているからです。

KMDという新たな仕事の場を得たことで、プロデューサーとして、日本の若い人の力を、日本企業の、日本という国の持つさまざまな長所を融合して、世界に発信していく機会が広がるはず、その与えられた機会をいかすのが私の使命であると、今は気を引き締めつつ、わくわくした気持ちでいます。いくつになっても新たなユニークさを求め、自分をバージョンアップすることができることを私自身、実験したいと思っています。

おわりに

本書を書いていて一番痛感したのは、今、私が学生、20代、30代だったら、私がその年齢だった当時と違った、新しい、とてもすばらしい可能性があるということです。世界はオープン化への流れを進んでいます。生まれた国、都市、地域などに縛られない、限りない自由への道が開かれています。

選択の自由には自己責任が必ず伴いますので、決められたレールの上を走るのとは違って、自分なりによく考えてから、意思決定し、行動に移さなければならないし、その結果は自分に返ってきます。決まったレールがあり、すでにある箱の中にいた方が簡単だと思われるかもしれません。オープン化が進み、境界が刻々と変わり、新しい視点から組み合わせを考えることができるという自由は、選択肢が無限にあるという点で、恐ろしい世界だと考えられるかもしれません。

しかし、世界中にある知識や情報を体系的に整理することができるようになり、誰でもどこにいてもそれを得ることができるようになる中、私たちが自分の「ユニークさ」を発揮できるのは、考えること、判断すること、そして行動することです。誰でもできるようなことではなく、私たち個人の腕の見せどころが限りなく開かれつつあるのです。

これだけ世界が変化する中、私自身も「本当にやっていけるのかな」と思うこともあります し、技術のすさまじい進歩や得られる情報や知識の膨大な量に圧倒されて、立ちすくんでしまうような気持ちになることもあります。以前に考えていたプランは今の時代にまったく機能しないことを知って愕然とすることもあります。しかし、私は人々、特に若い世代のあふれるようなエネルギー、新たな世界を拓いていく力を信じています。

新しい世界をつくるのは、皆さんです。これまでとはまったく違う形の未来を創造する力を持つのは若い世代だと思います。新しいものは形が見えなくて当たり前です。こういう形がよいのではないか、私はこんな仕事がしたい、という希望に向けて一歩踏み出すことです。

過去のしがらみや経験がないからこそ、新しいことにチャレンジできるのです。そして21世紀は今までのルールが通用しない新しい分野がどんどん大きくなってきています。新しい海に船を出すか、地球温暖化から生じる極端な天気、嵐を避けて、船をださないか、その選択は皆さんの手にあるのです。

私も2011年4月から、テクノロジー、デザインという新しい海へと航海を始めます。激しい嵐が待ち受けているのか、航海の途中で出会う船は大きな帆船か、小さなヨットか、高速で走るモーターボートか、自分でゆっくりこぐボートか、どれだけ仲間を増やす新しい出会いがあるのか、新しい島を見つけることができるのか、そして今まで訪ねたことのない島に住む人々と一緒に今までは想像もしなかったことができるのか、可能性は限りがありません。航海に疲れたら、どこかの港に立ち寄り、エネルギーを回復し、また新しい仲間をつくり、別の世界を知ることもできるでしょう。

皆さんも今日から、それぞれ新しい海へ船出してはいかがでしょうか。船を出せば、世界はつながっていること、世界のどこへでも「その気」さえあればいけることが実感として感じられるでしょう。自然の力の強大さ、同時に限りない可能性を体で感じることができるでしょう。それぞれの船を出し、また世界の海で出会いましょう。

最後に、本書を担当してくださった東洋経済新報社の藤安美奈子さん、2009年9月に出版した『戦略シフト』に続いて、数カ月で出版するという当初の非現実的な予定を実現できない中でも、見守ってくださった大貫英範さんにお礼を申し上げます。私自身、約10年いた一橋大学大学院国際企業戦略研究科から慶應義塾大学大学院メディアデザイン研究科にキャリアをシフトすることになり、そのタイミングに合わせようと、短期間に本として完成することができたのは、おふたりの辛抱強いサポートによるものです。

本書のＰＡＲＴ４に登場する上野佳恵さん、筒井鉄平さん、常盤亜由子さん、大塚雅文さん、佐野睦さん、中川清彦さん、秋山ゆかりさんには、インタビュー、原稿の確認など貴重な時間を使っていただきました。またそれ以外に、キャリアの質問に答えてくださった方々のキャリア・ストーリーは大変興味深いものでした。大変感謝しています。

また原稿がほぼできた時点で、読者の年齢に近い20人近い方々にいただいたコメントは大変参考になりました。この場を借りてお礼を申し上げたいと思います。

著者紹介

慶應義塾大学大学院メディアデザイン研究科教授.
上智大学外国語学部英語学科卒業後，フリーの通訳などとして活躍. 1980年バージニア・ビジネス・スクールにて経営学修士（MBA），85年ハーバード・ビジネス・スクールにて経営学博士（DBA）取得. 85年よりマッキンゼー・アンド・カンパニーにて，日本の大企業の戦略・組織・企業革新のコンサルティングに従事. 92年から青山学院大学国際政治経済学部教授. 2000年から一橋大学大学院国際企業戦略研究科教授. 2011年4月から現職。
著書に『世界級キャリアのつくり方』（共著，東洋経済新報社），『戦略シフト』（東洋経済新報社），訳書に『戦略経営論』（同）.

著者ブログ：http://yokoishikura.com/

グローバルキャリア

2011年4月21日 発行

著 者 石《いし》倉《くら》洋《よう》子《こ》
発行者 柴生田晴四

発行所 〒103-8345
東京都中央区日本橋本石町1-2-1 東洋経済新報社
電話 東洋経済コールセンター03(5605)7021

印刷・製本 ベクトル印刷

Printed in Japan ISBN 978-4-492-53284-3 http://www.toyokeizai.net/